MARCO POLO

Dein Insider-Trip

KÖLN & Umgebung

Besondere Erlebnisse – von entspannt bis rasant

Inhalt

Die Klassiker reloaded

Altbekanntes ganz neu erleben

Die Lecker-bissen

Verführerisches von süß bis deftig

Die kreativen Orte

Kunst & Kultur von gediegen bis hip

Die wilde Seite

Gas geben und Spaß haben von sportlich bis mutig

Die ruhigen Ecken

Entspannen von minimalistisch bis luxuriös

Das pralle Leben

In Feierlaune das ganze Jahr

Mix & Match

Mach dein eigenes Ding

Dies & Das

Karten, Register & mehr

Dom, Rhein, Kamelle – so kennst und liebst du Köln. Und echte Klassiker werden auch niemals langweilig. Schau um die Ecke, nimm eine andere Perspektive ein, such die geheimen Orte und neuen Interpretationen. Und huch: Ist da schon ein neuer Klassiker im Anmarsch?

Die Klassiker reloaded

Altbekanntes ganz neu erleben

Perspektivwechsel
Dem Kölner Dom aufs Dach steigen

→ **Das Dach des Doms birgt Überraschungen …**

»Wenn der Dom fertig ist, geht die Welt unter« – Oh Gott, das klingt bedrohlich! Aber halt, klebt da oben nicht noch ein Baugerüst an der Kirchenfassade und rettet uns vor der Apokalypse? Ja, die Restauratoren der Dombauhütte beklagen keine Langeweile, denn bei 632-jähriger Bauzeit (Nimm das, BER!) konnte man nach der offiziellen Fertigstellung des *Kölner Doms* im Jahr 1880 gleich mit dem Reparieren weitermachen. Was es heißt, eine der größten gotischen Kathedralen der Welt in Schuss zu halten, wird klar, wenn man ihr bei einer speziellen Führung (20 €) aufs Dach steigt. Mit dem Bauaufzug an der Nordseite rattert und ruckelt man in eine Welt aus kunstvollen Türmchen, Verstrebungen und Wandelgängen hinauf. Durch schmale Türen und über enge Treppen geht es hinein in den eisernen Dachstuhl, der Kammern groß wie Tanzsäle birgt. Vom Triforium, einen Gang im Mittelgeschoss des Doms, ist man fast versucht, den Besucherinnen und Besuchern im Kirchenschiff auf den Kopf zu spucken. Um die Schwalbennestorgel, die im Langhaus zu schweben scheint, musst du dir übrigens keine Sorgen machen: Sie ist mit dicken Stahlseilen im Dachgeschoss verankert. Und hoffentlich scheint die Sonne, dann strahlen die Farben des Gerhard-Richter-Fensters so richtig schön. Wieder draußen im Dachumgang drückt man sich in gut 47 m Höhe an Wasserspeiern vorbei und staunt: Da hinten telefoniert doch ein steinerner Typ glatt mit dem Handy. Zum Schluss gibt's noch mal den Rundumschlag: das komplette Kölnpanorama vom Vierungsturm aus.

1 **Kölner Dom • Domkloster 4, 50667 Köln • domfuehrungen-koeln.de/Dach**

Kamelle das ganze Jahr
Bonbons machen bei Profis

Für manche soll's rote Rosen regnen, in der »fünften Jahreszeit« dürfen es in Köln aber auch gerne Kamelle sein. Beim Rosenmontagszug muss man zuweilen in Deckung gehen, so heftig prasselt es von den Wagen auf die Jecken am Straßenrand hernieder. Zum Glück kannst du Kamelle das ganze Jahr über fabelhaft auch ohne Kostüm essen und mitten in der Kölner Südstadt im Bonbonmacherkurs im *Kamellebüdchen* (ab 44,90 €) sogar selbst herstellen. Wobei hier keinesfalls von schnöden, einfarbigen Zuckerbomben die Rede ist. In der Manufaktur von Stephan Löhr und Kanika Kaltenberg wird sogar der Kölner Dom als Motiv in bunte Bonbons gezaubert. Im Bonbonmacherkurs erfährst du, was in den Süßigkeiten steckt, und darfst entscheiden, wie deine Kamelle schmecken und aussehen sollen. Ist die gekochte Bonbonmasse auf die richtige Temperatur von 80 bis 90 Grad heruntergekühlt, wird fleißig geknetet – gibt Muckis! –, gerollt, gehackt und geformt. Auch im Lutscherdrehen und Zuckerstangenziehen kannst du dich versuchen. Die selbst gemachten Schätze darfst du anschließend mit nach Hause nehmen. Wenn du dir lieber nicht selbst die Hände klebrig machst, aber doch neugierig bist, wie Motivbonbons entstehen, erfrage einfach unter 0221/58 94 59 39 die aktuellen Termine für Liveproduktionen: In der gläsernen Showküche des Ladens darf man nämlich zusehen, wie die Leckereien, die im Shop verkauft werden, entstehen.

← So wird's gemacht! Die bunten Kamelle kannst du selbst herstellen

INSIDER-TIPP
Oh, wie süß!

2 **Kamellebüdchen • Alteburger Str. 11, 50678 Köln • kamellebuedchen.shop**

Heinzelmännchen to go Auf dem Heinz-Weg durch Köln

→ **Heinz Koffer residiert im *Hilton***

→ **»Heinz Jung«, »Heinz Einmal« und »Heinz Bauer« grüßen an der Fassade des Gürzenichs**

In Köln braucht man manchmal Geduld. Stichwort: städtebauliche Großprojekte. Beim Bau der neuen U-Bahn kamen erst ein Kirchturm fast und dann das Stadtarchiv ganz zu Fall, auch die Opernsanierung könnte besser laufen. Hätte es sich die Stadt mal nicht mit ihren Heinzelmännchen verscherzt! Die erledigten bekanntlich nachts heimlich und tadellos die Arbeit der Handwerker. Bis man ihnen eine Falle stellte und die guten Hausgeister entnervt abdampften. Für immer, so glaubte man. Das kollektive Trauma ist am Heinzelmännchen-Brunnen in Stein gehauen. Doch wie sang schon das Kölner Original Trude Herr: »Niemals geht man so ganz«. Sie wusste wohl, was viele erst 2015 merkten, als zwei Räuber-und-Gendarm spielende Heinzel an der Kölner Bank am Hohenzollernring auftauchten. Seitdem werden es immer mehr: An der Glockengasse chillt Heinz Reise im Liegestuhl, ein paar Schritte weiter füllt Heinz Eau seine Badewanne vor dem 4711-Haus mit dem Duftwasser und vor dem Domspitzen-Hotel schnarcht Heinz Gast selig im Bett. Das sind nur drei von mehr als 20 Stationen des *Heinz-Wegs*, auf dem du in ganz Köln die nur 35 cm großen Bronzefiguren der Kölner Künstler Heike Haupt und Anton Fuchs entdecken kannst. Neben dem Vornamen teilen sie einen Hang zum Müßiggang. Womit wir beim Dämpfer der Geschichte wären: »Den Heinzen ist jetzt alles egal, die sind im Ruhestand. Die machen nur noch, worauf sie Lust haben«, räumt Haupt ein. Die U-Bahn und die Oper müssen die Kölner wohl selbst fertig kriegen. Einen »Mini-Glücksheinz« gibt's im Shop des *Hilton* Hotels.

INSIDER-TIPP
Heinz im Heim, Glück allein

3 **Heinz-Weg • Start: Volksbank Köln am Hohenzollernring 31–35 • heinz-welt.de**

4 **Hilton-Shop • Marzellenstr. 13–17, 50668 Köln**

Superjeile Zick
Beim Kölsch Kölsch lernen

Bütze, danze, fiere – das Kölsch-Einmaleins des Karnevals haben selbst Imis schnell enträtselt, spätestens an Fastelovend ist klar, dass man in Köln »Küssen, Tanzen, Feiern« aus dem Effeff beherrscht. Auch Alltagsschimpfereien hat man fix drauf (»Sackjeseech!«), das Schäkern in der Kneipe sowieso (»Drink doch ene met!«) und bald weiß man, dass die zu Schulbeginn auftauchenden »Opjepaas, Pänz!«-Straßenschilder auf querende i-Dötzchen aufmerksam machen. Doch irgendwann steht man dann auf dem Wochenmarkt im Veedel, lauscht dem Loreleygesang kölscher Marktschreier und denkt sich: Richtig Kölsch müsste man können! Das findet auch die Akademie för uns kölsche Sproch, die sich dem Erhalt des kölschen Sprach- und Liedguts verschrieben hat und deren versierte Experten Mundart-Nachwuchs sogar durchs Kölsch-Examen bringen. Für den Anfang serviert man den Schnupperkurs *»E Häppche Kölsch«* (15 €). Und weil zu Kölsch nichts so gut passt wie ein Kölsch, geht's dafür ins Gasthaus. Das lockert die Zunge schon mal so weit, um in die Aussprache mit ihrem großen Vokalreichtum reinzufinden. Mit einem Halven Hahn zwischendurch authentisch gestärkt, verdaut man im Grammatikteil die Information leichter, dass sich Köln neben einer fünften Jahreszeit auch einen eigenen Genitiv leistet. Mit dem neu erworbenen Sprachwissen kann man dann im *Hänneschen-Theater* endlich richtig mitlachen: Im 1802 gegründeten traditionsreichen Puppentheater wird nämlich komplett auf Kölsch aufgeführt (21 €).

← Kölsch verstehen im Hänneschen-Theater

INSIDER-TIPP
Amtlich Kölsch schwade

5 **E Häppche Kölsch • Akademie för uns kölsche Sproch • koelsch-akademie.de**

6 **Hänneschen-Theater • Eisenmarkt 2–4, 50667 Köln • haenneschen.de**

Im Rausch
Gold waschen am Rhein

→ **Gold im Fluss? Sven von Loga zeigt es dir**

Wozu auf den Sechser im Lotto schielen, wenn das Gold quasi vor der Haustür im Rhein schwimmt? Na gut, so riesig sind die hier zu ergatternden Mengen nicht, dass man direkt seinen Job hinwerfen könnte. Aber ein paar Goldflitter sind für den Anfang definitiv drin, versichert Geologe Sven von Loga den Glücksritter-Lehrlingen, die sich beim Goldwaschkurs (35 €) am Niehler Ufer um ihn scharen. Wie der Rhein überhaupt zu seinem Gold und man selbst wiederum da rankommt, erklärt der Kölner ebenso kurzweilig wie das Equipment, das man für den Einstieg braucht. Versorgt mit Tipps, woran man vielversprechende Spots erkennt, wo sich Schwermetalle gerne ablagern – im Fachjargon Seifen – füllst du dann frohen Mutes die Goldwaschschüssel mit Sand, steigst wadentief in den Rhein und versuchst gekrümmten Rückens den richtigen Dreh zu finden, mit dem man die hellen Körnchen »auswäscht« und den schwarzen Magnetitsand – in dem sich die begehrten Goldflitter verstecken – zurückbehält. Wie bei Aschenputtel und ihren Erbsen kann es etwas dauern, ehe man die Technik draufhat, doch dann: Funkelt da nicht etwas? Falscher Alarm, doch nicht alles *Rheingold*, was glänzt. Also neue Ladung Sand, schön locker aus dem Handgelenk geschüttelt und: Hah! Nicht ein, nicht zwei, sogar drei Goldflitterchen glitzern in der Sonne am Boden der Pfanne. Jetzt folgt die Kür: Du zückst die Pipette und hebst deinen Schatz. Blut geleckt? Der nächste Goldrausch kommt bestimmt. Sven von Loga dreht in Köln und Umgebung übrigens gerne jeden Stein um, weshalb auch seine Geo-Exkursionen lohnen.

INSIDER-TIPP
Stein um Stein

7 **Rheingold: Goldwaschkurs am Rhein mit Sven von Loga • uncites.de**

Rendezvous mit Eulen
Abends im Zoo

Rund 10 000 Tiere können ganz schön laut sein – tausende Menschen, die täglich den *Kölner Zoo* durchstreifen, sorgen allerdings für mindestens ebenso viel Trubel. Doch wenn die letzten Besucherinnen und Besucher das Gelände verlassen haben, verändert sich die Stimmung. Die besondere Atmosphäre »nach Ladenschluss« – und den Zoo beinahe ganz für dich allein – erlebst du bei den Abendführungen (April–Sept. Fr, Erw. 28 €, Kinder 19 €). Zwei Zoobegleiter nehmen ein Grüppchen von gerade mal 15 Personen mit auf eine zweistündige Safari an genau die Ecken, wo abends die Tiere erst richtig aktiv werden. Plötzlich macht man im Tierstimmenkonzert auch die leiseren Töne aus, sieht hellwache Löwen, die den Tag üblicherweise verschnarchen, schaut Eulen tief in die Augen, kann im Hippodrom putzmuntere Flughunde ihre Kreise ziehen sehen und im Elefantenhaus ist es dann so still, dass man die Dickhäuter beim Dinner schmatzen hört. Vor allem bei Kids der Hit: sich ein Stück des Wegs mit verbundenen Augen führen zu lassen und mal nur auf Gerüche und Geräusche zu achten.

← Auge in Auge mit einer Eule – im abendlichen Zoo nicht ausgeschlossen

← Du und kaum jemand sonst – allein mit den Tieren!

Wenn es im Winter draußen zu kalt wird, schnappst du dir eine Taschenlampe und entdeckst im Dunkeln das Aquarium (Okt.–März Fr 18.30 Uhr, Erw. 26 €, Kinder 18 €). Auch hier – ebenso wie in Terrarium und Insektarium – kommt nachts richtig Leben in die Bude. Mit etwas Glück darfst du sogar auf Tuchfühlung mit einer Königspython oder mit Gespenstschrecken gehen. Wer gar nicht mehr weg will, bucht im Sommer das »Zeltlager«, bei dem man mitten im Zoo in großen Pfadfinderzelten übernachtet.

INSIDER-TIPP **Großstadtsafari**

8 Kölner Zoo • Riehler Str. 173, 50735 Köln • koelnerzoo.de

Johann Schäfer
Gaffel Kölsch
SÜDSTADT Pils
SÜDSTADT Hell
CHLODWIG Weizen

Johann Schäfer

Brauhauskultur 2.0
Die jungen Wilden

Et bliev nix wie et wor! So steht's im kölschen Grundgesetz. Will sagen: Mach dich locker und geh mit der Zeit. Dieses Motto führt schnurstracks in eins der modernsten Brauhäuser der Stadt, wo man mit großer Freude Brauhauskultur und (kulinarische) Traditionen neu interpretiert. Hip und bodenständig? Passt im *Johann Schäfer* in der Südstadt bestens zusammen. Statt Kölsch werden Pils und Helles gebraut – zur Wahl stehen aber auch Gaffel-Kölsch und Wein –, statt fettiger Küche gibt's zur Bierbratwurst vom Duress-Schwein gegrillte Aubergine oder zu den Rauchigen Rippchen Blumenkohl in Schwarzbrotsoße – alles ist frei kombinierbar. Das inzwischen häufig anzutreffende Küchenmantra »regional und saisonal« wird um »nose-to-tail« ergänzt. Die Brauhausküche versorgt auch den *Johann-Schäfer-Biergarten* im Rheinauhafen.

Du bist Bio-Fan? Dann auf zu *Heller's* Brauhaus im Kwartier Latäng, wo neben dem »einzigen Biokölsch der Welt« auch Pils, Wiess und Weizen frisch vom Fass laufen. Die Brauerei lernst du bei Führungen kennen, mehr übers Bier verrät dir bei den Tastings ein Biersommelier. Ein zünftiges Hopfensaft-Arsenal bietet auch die Ehrenfelder *Braustelle*, die kleinste Brauerei der Stadt. Sieben Bierspezialitäten sind hier stets vom Fass zu haben: darunter das Ehrenfelder Wiess »Helios«, Colonia Pale Ale und Ehrenfelder Alt (ja, richtig gelesen: Alt!). Wenn du dem Inhalt deines Glases ganz genau auf den Grund gehen willst, buchst du bei Braumeister Peter Esser den Braukurs.

← Mit ganz viel regionalem Flair Anlaufstelle in der Südstadt: das Brauhaus Johann Schäfer

INSIDER-TIPP
Schönwetterbier

9 **Brauhaus Johann Schäfer • Elsassstr. 6, 50677 Köln • johann-schaefer.de**

10 **Heller's • Roonstr. 33, 50674 Köln • hellers.koeln**

11 **Braustelle • Christinastr. 2, 50825 Köln • braustelle.com**

Auf Zeitreise durch Köln Im VR-Universum

→ **Wow, ist das Köln? Beim Anblick des animierten alten Hauptbahnhofs staunt man nicht schlecht**

→ **Mit 3-D-Brille durchs Köln der 1920er-Jahre**

In Deckung, die Hunnen kommen! Eben stand man noch an der wuseligen Rheinpromenade der Altstadt, im nächsten Moment fliegen einem Feuerpfeile um die Ohren. Zumindest solange man beim *TimeRideGO!* den VR-Durchblick hat. Auf nur zwei Kilometern geht es bei der Stadtführung (Erw. 24,90 €, erm. 19,90 €) von der Römerzeit übers Mittelalter bis ins Heute durch 2000 Jahre Kölner Geschichte. An sechs Stationen tauchst du mit einer VR-Brille in die Vergangenheit ein. Da steht man dann vorm mittelalterlichen Dom oder vor der alten Synagoge in der Glockengasse der Franzosenzeit, dreht für den 360-Grad-Panoramablick eine Pirouette und würde sich die Augen reiben, hätte man nicht die Brille auf der Nase. Ein Highlight wartet zum Schluss: Wieder auf dem Alter Markt angekommen setzt man die Brille auf und wird auf einen Karnevalswagen gebeamt. Da hüpft nicht nur Karnevalisten das Herz.

Prinz Karneval Adalbert I. höchstpersönlich begegnest du bei der digitalen Straßenbahnfahrt »Köln 1926« (Erw. 14,50 €, erm. 12,50 €), dem zweiten Ass im Ärmel der TimeRide-Zeitreisen. Vor Ort im Ladenlokal entführen ein Film im »Lichtspielhaus« und ein nachgebauter Hutmacherladen in die Goldenen Zwanziger, ehe du im Nachbau der ersten elektrischen Kölner Straßenbahn Platz nimmst und mit VR-Brille durchs 3-D-animierte Köln am Rosenmontag des Jahres 1926 ratterst. Die britischen Besatzer sind weg, Köln atmet nach dem Krieg wieder auf und feiert nach zwölf Jahren endlich wieder Karneval. Mit Tramführer Pitter geht es durchs alte Köln, u. a. vorbei am prächtigen Domhotel, dem Hauptbahnhof in alter Grandezza, der alten Synagoge und bis zum Neumarkt – inklusive Fahrtwind und Tramgeruckel. Besonderes Bonbon: Die Tour kannst du ganz authentisch auf Kölsch buchen!

INSIDER-TIPP
Führung op Kölsch!

12 **TimeRide • Alter Markt 36–42, 50667 Köln • timeride.de/koeln**

BAHNEN DER STADT CÖLN

Große Büdchen-Liebe Das Herz des Veedels

↓ Unten: Kult in Köln – das Köski Royal

↓ Good Vibes im Büdchen Casablanca (rechts)

Es gibt nur einen Dom, nur einen FC – aber locker 1000 Büdchen. Trotzdem ist die Liebe der Kölnerinnen und Kölner zu »ihrem« Büdchen ebenso einzigartig. Nicht nur, weil man hier feiertags um 23.13 Uhr Klopapier, Kölsch und Spüli bekommt, sondern weil sie Veedelstreffpunkte sind, an denen man an lauen Sommerabenden beim Kölsch gerne mal bis weit nach Mitternacht hängenbleibt. Sehr gut geht das zum Beispiel beim *Büdchen Casablanca* in Sülz, weshalb dort auch direkt der Plattenspieler im Fenster steht. Gemeinschaft wird hier großgeschrieben, man kennt sich. Es gab schon legendäre Abende mit Livemusik, Lesungen und Ausstellungen, darüber hinaus lockt ein vielfältiges Angebot: Neben der gemischten Tüte bekommt man hier von Che-

fin Andrea liebevoll kuratierte Designartikel oder Comics von Kreativen aus dem Viertel, Eis vom sizilianischen Café Savoca, ausgefallene Craftbiere und Kaffee von der Sülzer Jackson-Rösterei.

Eine Siebträgermaschine glänzt auch im hübschen *Köski Royal*, das direkt aus Instagram nach Braunsfeld gesprungen sein könnte. Die eigene Bioröstung kommt von der Frechener Rösterei Tim & Sebastian's, die Milch vom Milchhof Schäfer aus Erftstadt. Zum Kaffee schmeckt Herzhaftes wie Zucchini-Gugelhupf und Süßes wie Carrot Cake. Zudem versteckt sich hier ein kleiner Concept Store mit hübschem Porzellan, Kelimkissen, Textilien und mehr. Noch kleiner geht auch: Im *Eier & Käse König* in der Südstadt hat man an die 100 Käsesorten, vor allem aus Frankreich, auf vier Quadratmetern in die Regale gebastelt. Beratung und Verkauf gibt's aus dem Fensterchen heraus.

13 **Büdchen Casablanca • Sülzburgstr. 164, 50937 Köln • buedchen-casablanca.de**

14 **Köski Royal • Kitschburger Str. 247, 50858 Köln • Facebook, Instagram**

15 **Eier & Käse König • Merowingerstr. 5, 50677 Köln**

Heilige Effzeh-Hallen
Auf Stadiontour gehen

→ **Die luftige Konstruktion ist an Pylonen aufgehängt**

→ **Ruhetag in der Spielerkabine**

Nicht weniger als vier Greenkeeper wachen mit Argusaugen über den heiligen Rasen des *Rheinenergie-Stadions*, wofür sie an einem Dienst-Tag auch schon mal 35 km auf die Fitnessuhr kriegen. Kein Wunder, dass der so üppig grün strahlt – und für Fanfüße (leider!) tabu ist. Doch es gibt auf der Stadiontour (ab 12,50 €) ja noch jede Menge mehr zu entdecken. Für viele überraschend: Dem »Effzeh« gehört das Stadion gar nicht – sondern den Kölner Sportstätten –, der Verein mietet es für seine Spiele lediglich an. Dem »Jeföll«, wenn man hinterm Tor steht und den Blick durchs Stadion mit seinen knapp 50 000 Plätzen, über die vier Pylonen und hoch zur Poldi-Loge schweifen lässt, tut das aber keinen Abbruch. Einmal im Presseraum da sitzen, wo sonst die Trainer im Scheinwerferlicht schwitzen, durch die Tiefgarage huschen, wo der Mannschaftsbus normalerweise die Spieler abkippt, an der Interviewzone vorbei und einen Blick in die recht unglamouröse Kabine werfen. Da haben es die Gäste in den Logen um einiges komfortabler – Knallersicht aufs Spielfeld bei stets frischem Kölsch der inkludierten Bar. Highlight für wahre FC-Fans ist natürlich das Aufstellen im Spielertunnel und das Einlaufen zur Hymne. Neben der Standardtour kann man sich bei Prominenten-Führungen – unter anderem mit Verteidiger Harald Konopka oder Schiedsrichter Walter Eschweiler – die eine oder andere Anekdote aus dem Fußballnähkästchen erzählen lassen. Und dann wäre da noch die Sache mit dem Geißbock: Der erste Hennes hängt ausgestopft im Stadion, das amtierende Maskottchen, Hennes IX., ist quietschlebendig im Kölner Zoo zu Hause und freut sich auf Besuch.

INSIDER-TIPP
Audienz bei Hennes IX.

16 **Rheinenergie-Stadion • Aachener Str. 999, 50933 Köln • Rheinenergiestadion.de**

RheinEnergieSTADION

16
RON-ROBERT ZIELER
8
ISMAIL JAKOBS
6
MARCO HÖGER
13
MAX MEYER
RWE

Hat da jemand »Essen« gesagt? Na klar! Aber nur das leckerste und nur in der schönsten Umgebung. Geh auf Foodietour! Wo es die knusprigsten Rievkooche gibt, lässige Sterneküche oder Überraschungen im Pop-up-Restaurant. Und danach ein Gläschen Kölner Wein?

Die Lecker bissen

Verführerisches von süß bis deftig

Knusper, knusper, knäuschen Rievkooche auf die Hand

Du liebst Reibekuchen, aber mit Convenience-Ware auf Kirmes und Weihnachtsmarkt kann man dich jagen? Du träumst von echten Rievkooche, aber dem vernichtenden Blick des Köbes, nur weil du im Brauhaus kein Kölsch dazu bestellst, fühlst du dich nicht gewachsen? Zum Glück kann man in Köln seinen Appetit auf den Kartoffelsnack auch im Vorbeigehen stillen – und zwar in richtig guter Qualität. Zum Beispiel jeden Freitag am Stand von *Zimmermann's Reibekuchen* auf dem winzigen Platz vor der Mariä-Himmelfahrt-Kapelle in Ehrenfeld. Während auf der Venloer Straße der Verkehr vorüberhupt und -klingelt, wird hier seelenruhig frische Reibekuchenmasse aus der Schüssel ins heiße Öl gelöffelt. Solange deine Bestellung vor sich hinknuspert, suchst du dir schon mal aus, was oben drauf soll: Apfelmus oder Lachs, scharfer Meerrettich oder milde Crème fraîche?

In Sachen Topping wiederum klassisch unterwegs ist man beim *Reibekuchen-Heinz*. Unter diesem Kartoffelbäcker-Künstlernamen bringt der gelernte Metzgermeister Heinz-Bernd Draschner seine Kreationen unters hungrige Volk. Sein Markenzeichen sind die Minis, für die ihm nur Kartoffeln vom handverlesenen regionalen Landwirt auf die Reibe kommen. Auch sonst hält er es mit den Zutaten pur und schlägt die Reibekuchen nach dem Frittieren in Öl am Pfannenrand aus, damit die auf diese Weise weniger fettige Leckerei nicht wie ein Stein im Magen liegt. Das kommt gut an, wie die lange Schlange am Samstagvormittag auf dem Wochenmarkt im Stadtwald verrät.

← Kölner Fingerfood vom Reibekuchen-Heinz: der Rievkooche

1 Zimmermanns Reibekuchen • Venloer Str. 279, 50823 Köln • Fr 11–17 Uhr

2 Reibekuchen Heinz • u. a. Sa 10–13.30 Uhr auf dem Markt im Stadtwald an der Kitschburger Str., weitere Märkte auf der Website • reibekuchen-heinz.de

Dolce Vita am Rhein
Shoppen wie in Bella Italia

→ **Edle Tropfen, Salame piccante … der Grande Mercato Andronaco ist ein Delikatessen-Paradies**

Kurzurlaub in Italien gefällig? Nessun problema! Immerhin ist Köln stolze Heimat der drittgrößten italienischen Community in Deutschland, und die muss ja auch irgendwo einkaufen. Im *Grande Mercato Andronaco* in Ossendorf empfängt dich gut gelaunter italienischer Pop, der von den Mitarbeitenden gerne mitgesungen wird. Schnell noch einen Cappuccino im Bistro zur Stärkung, denn: Das *grande* führt man hier nicht zum Spaß im Namen. Mach dich gefasst auf Regale voller Pasta in jeder erdenklichen Form, Pesto aus Gemüse, von dessen Existenz man bisher nichts ahnte, Oliven in bällebadwürdigen Mengen und eine Frischetheke mit 1001 Sorten Salami, Schinken und Käse, appetitlichen Antipasti und hausgebackenem Brot. Wer das nur mit Alkohol verkraftet, kommt am Wochenende zur Verkostung in der Weinabteilung.

Ähnliche kulinarische Freuden verheißt *Nadia* in Mülheim. Die hervorragend bestückte Frischetheke nimmt die komplette Stirnseite ein, es gibt eine ordentliche Auswahl frischer Pasta und Salate und auch die Spirituosenabteilung kann sich sehen lassen.

INSIDER-TIPP
Panino-Amore

Im Bistro solltest du unbedingt ein Mortadella-Panino probieren.

Für Großmarktfeeling sorgt im Kölner Süden *Mare Atlantico* mit mediterranen Köstlichkeiten. Absolutes Highlight: der »Eisraum« mit einer Riesenauswahl an frischem Fisch und Meeresfrüchten. Empfehlenswert sind auch die variantenreichen Verkostungen (Termine auf der Website).

3 **Grande Mercato Andronaco • Matthias-Brüggen-Str. 80, 50827 Köln • andronaco.info/standorte/koeln**

4 **Nadia • Schanzenstr. 3a, 51063 Köln • nadia.de**

5 **Mare Atlantico • Marktstr. 10–12, 50968 Köln • mare-atlantico.de**

11,99 €
MONACI
REGALEALI
TASCA
REGALEALI

SALAME
MUGNANO
PICCANTE
Sorrentino

Pures Brothandwerk

Schneid dir mal ne Scheibe ab

Ein gutes Brot braucht Zeit. Davon ist Bäckermeister Alexander Onasch überzeugt. Und deshalb gibt es in seinem Laden *prôt* im Belgischen Viertel auch nur: Brot. Nicht nur, weil ein Teig, der ausreichend ruhen darf, bekömmlicher ist, sondern auch, weil er sich als Bäcker darauf konzentrieren will, in die neun Brote im Sortiment sein ganzes handwerkliches Know-how zu stecken: Roggen, Dinkel, Weizen, Mischbrot, Baguette, Walnuss, Saaten, ein saisonales Brot und als jüngster Neuzugang das Bierprôt mit original Treber und frischem Wiess vom Fass von der Kölschbrauerei Gaffel (nur Fr, Sa). Davon, dass er das ernst meint, ist man augenblicklich überzeugt, wenn einem der köstliche Duft in die Nase steigt, sobald man den Laden betritt. Die Kruste kracht knackig, die Krume ist saftig – wie die Brote dermaßen lecker werden, kannst du mit eigenen Augen bewundern: Hinter den in der komplett verglasten Ladenfront aufgestapelten Mehlsäcken sieht man Onasch ab 5 Uhr bis mittags in der Backstube in Aktion. Während er Teig mischt, knetet, portioniert und in kleinen Garkörbchen in die Kühlung schiebt, wandern von dort die (mindestens 24 Stunden) geruhten Laibe in den Ofen – wo sie auf Stein gebacken werden, auch darauf legt der Bäcker wert – und frisch in die Auslage. »Für mich ist es völlig okay, wenn Leute mit einer Tüte Brötchen im Arm reinkommen, denn ich freue mich, dass sie fürs Brot extra zu mir kommen, das ehrt mich«, sagt Onasch.

Wenn es dir selbst in den Fingern juckt und du dich am eigenen Brot versuchen willst, kannst du im Einsteiger-Brotbackkurs beim *Heimbäcker* Christoph Schaub die Hände ins Mehl tauchen.

← Echte Handarbeit: Alexander Onasch in Aktion

INSIDER-TIPP
Kölscher geht nicht

6 prôt • Lütticher Str. 6, 50674 Köln • protvonalex.de

7 Der Heimbäcker • Reischplatz 6, 50679 Köln • heimbaecker.de • Einsteigerkurs 150 €

Pflanzliche Überraschung Vegane Schweinereien

→ **Einfach zum Reinbeißen, der Vöner von Bärenstark**

→ **Maki Maki: ein Sushi-Lover-Paradies**

Sushi ohne Fisch, Döner ohne Fleisch, Pizza ohne Käse? Wer jetzt denkt »Och nö, dann lieber Knäckebrot«, verpasst was. Im *Maki Maki Sushi Green* verhackstückt man weder rohen Fisch, noch müssen sich Fans der pflanzlichen Küche mit den üblichen Verdächtigen aka in Reis gerollter Gurke, Avocado oder Tofu begnügen. Die komplett vegane Karte fährt Zutaten wie gebackene Rote Bete und Süßkartoffel, gebratene Aubergine, auf alle erdenklichen Arten eingelegte Pilze und Kohl sowie Seitan, veganen Thunfisch und geräucherte Tofuhaut in spannenden Kombis auf. Schon das Farbspektakel auf dem Teller macht Appetit. Ebenfalls nicht zu verstecken braucht sich der Vöner von *Bärenstark*: Knuspriges Seitan-Vleisch ist der Chef in der Dinkelpita, Salat, Rotkraut und Gurke sorgen für Frische, die Granatapfelkerne steuern fruchtige Süße bei. So lässt man sich Fast Food gerne gefallen. Die Zutaten der Gerichte des veganen Imbisses – vornehmlich Seitan-Burger im Dinkel-Bun – stammen aus regionaler Herkunft. Ein weiterer Klassiker darf nicht fehlen: Pizza. Klar kann man die ohne Käse essen, muss man aber zum Glück nicht. Schließlich gibt es *Sorrentino*: Vegan heißt hier nicht, dass man alles Tierische weglässt und einfach einen Teigfladen mit Gemüse reicht. Du bekommst Klassiker wie Margherita und Quattro Stagioni und kannst dir zudem deine eigene vegane Traumpizza aus einer Vielzahl von Zutaten zusammenstellen. Mamma mia, grazie mille!

INSIDER-TIPP
Pizza-Baukasten

8 **Maki Maki Sushi Green • Mauritiussteinweg 2, 50676 Köln • sushigreen.de**

9 **Bärenstark • Venloerstr. 531, 50825 Köln • baerenstarkkoeln.de**

10 **Pizzeria Trattoria Sorrentino Vesuvio • Griechenpforte 46, 50676 Köln**

Tag mit Sternchen
Michelinküche ohne Berührungsängste

Steife Tischdecken und ein kompletter Besteckkasten an jeder Tellerseite? Nicht im *NeoBiota*. Die Sterneköche Sonja Baumann und Erik Scheffler lassen sich in der offenen Küche ihres hellen Lokals in der Innenstadt nicht nur auf die Finger gucken, sie servieren auch wahnwitzig leckeres Frühstück (3 Gänge 28 €). Dabei werden internationale Einflüsse mit heimischen Klassikern kombiniert: Pochierte Eier kuscheln mit Wasabischaum, French Toast küsst Himmel & Äd und das Corned Beef auf dem Röstbrot ist natürlich hausgemacht.

Mittags lässt du dir von Marlon Rademacher in seiner 2021 mit einem Stern bedachten *La Cuisine Rademacher* französische Küche mit mediterranem Einschlag servieren (3-Gänge-Lunch 29 €, Angebot bei Redaktionsschluss vorübergehend ausgesetzt).

Zum Dinner geht's zurück in die Altstadt. Moment, Altstadt? Dass die eine kulinarische No-Go-Area ist, verdient ein Update – erst recht mit Blick auf das Sternerestaurant *MaiBeck*. Die unprätentiöse Speisekarte ist verblüffend günstig, lässig die Atmosphäre. Wie das Lokal, so die Chefs: Jan Maier und Tobias Becker sind sympathische Gastgeber, die den Anspruch, lokal und saisonal zu sein, geradezu radikal einlösen. Sobald die Temperatur es zulässt, ist die Terrasse ein Muss: Man sieht, nicht zuletzt den Rhein, und wird gesehen – und zwar mit den besten Erdbeeren made in Hürth-Fischenich.

← So fängt der Tag richtig gut an: mit Frühstück im NeoBiota

11 **NeoBiota • Ehrenstr. 43c, 50672 Köln • restaurant-neobiota.de**

12 **La Cuisine Rademacher • Dellbrücker Hauptstr. 176, 51069 Köln • la-cuisine-koeln.de**

13 **MaiBeck für dich • Am Frankenturm 5, 50667 Köln • feinkost-maibeck.de**

Met allem Dröm un Dran Die Bergische Kaffeetafel

→ **Lass es stilecht aus der zinnernen Kanne dröppeln!**

Für den Besuch nur das Beste: Unter diesem Motto schleppte man im Bergischen Land gerne alles herbei, was der Haushalt hergab, wenn Gäste – oder Feste – nahten. Und auch heute noch biegt sich der Tisch, wird eine komplette Bergische Kaffeetafel aufgefahren. Du solltest Zeit mitbringen, denn schließlich ist mit diesem kulinarischen Ensemble zu rechnen: Fluffige bergische Waffeln mit heißen Kirschen, auf die süße Sahne kommt, Grau- und körniges Schwarzbrot, üppiger Käse-, Wurst- und Schinkenaufschnitt, duftender Rosinenblatz mit frischer Butter, Kuchen und hausgemachte Marmeladen sowie süßer Aufstrich, Quark, Milchreis mit Zucker und Zimt, dazu natürlich frischer Kaffee aus der Dröppelminna. Woher die ihren Namen hat, wird klar, wenn man die Tasse unter den Zapfhahn stellt.

Und natürlich versteht man auch bald, dass es hier neben dem kulinarischen Genuss vor allem um Gemeinschaft geht. Oft sitzt man ganz der Tradition nach in großer Runde beisammen, und so wird sie in manchen Restaurants erst ab einer bestimmten Personenzahl auf Vorbestellung angeboten. Zum Beispiel im passend benannten Lokal *Dröppelminna* in einem Fachwerkhäuschen in Herrenstrunden: In der Gaststube mit Holzvertäfelung, dem typischen blau-weißen Zwiebelmustergeschirr an den Wänden und der offenen Küche fühlst du dich direkt wie anno dazumal. Wer zu zweit unterwegs ist, wird im *Landhaus Fuchs* fündig. Um Eines kommt man nirgendwo herum: Nach dem Gelage braucht der Magen einen guten bergischen Korn.

14 **Restaurant Dröppelminna • Herrenstrunden 3, 51465 Bergisch Gladbach • restaurant-droeppelminna.de**

15 **Landhaus Fuchs • Unterbersten 27, 51515 Kürten • landhaus-fuchs.de**

Gemüse und Wein made in Köln
Gartenoase und IMI Winery

Angefangen hat alles mit einer Baumschule: Das Gemüse, das Marcel Kurzbuch in der heutigen *Gartenoase* in Frechen anbaute, war anfangs für den Eigenbedarf bestimmt. Doch weil Kurzbuch ein Tüftler ist, der alles, was keimen könnte, einfach mal in den Boden des 44 000 qm großen Geländes sät und austestet, hatte er bald mehr, als die Familie essen konnte, und verkaufte den Überschuss. Bald kamen mehr Kunden wegen des Gemüses als wegen der Bäume. Wer hier einkauft, bekommt nicht nur hyperlokal und in Handarbeit angebautes Gemüse, sondern auch eine enorme Vielfalt: Fast 100 verschiedene Tomatensorten, fünf bis sechs Knoblaucharten, 25 Chili- und 20 Kürbissorten, Paprika und Äpfel, rote, rosafarbene und weiße Erdbeeren (auch das Schmankerl Mara des Bois!), grüner Spargel, Inka-Mais und sogar Kiwis gedeihen hier und die Liste ließe sich fröhlich fortschreiben. Bäume gibt's übrigens immer noch: Im Winter kannst du in der Gartenoase auch deinen Weihnachtsbaum, im Frühjahr ein Maibäumchen kaufen.

← Knackig, frisch – zum Reinbeißen!

Von der urbanen Gemüsefarm zur Winzerei mitten in Ehrenfeld: Die Weinberge, aus denen die Trauben für die Bio-Tropfen der *IMI Winery* kommen, liegen zwar in der Pfalz, ein Teil davon wird aber in den Kölner Weinkeller transportiert und dort weiterverarbeitet. Ein echt kölscher Wein! Wer mag, kann bei der Weinlese und auch beim »Weinmachen« als helfende Hand dabei sein.

INSIDER-TIPP
Hilfswinzer gesucht

16 **Gartenoase Köln-West • Paul R. Kraemer Allee 103, 50226 Frechen • facebook.com/Gartenoase.Koeln.West**

17 **IMI Winery • Körnerstr. 20, 50823 Köln und Neusser Str. 44, 50670 Köln • imi-winery.de**

Pause auf die Hand

Halver Hahn goes international

Frisches Röggelchen, dick Gouda, ein Stück Butter und etwas Senf – fertig ist der urkölsche Snack Halver Hahn. Und weil ein gut belegtes Brötchen nicht nur satt, sondern auch glücklich macht, wird dieser Trick auch in anderen Landes- und Regionalküchen praktiziert. Also: Let's go international! In der Südstadt verbindet das Streetfood-Bistro *Yame* mit seinem Banh Mi zwei Landesküchen: die vietnamesische und die der ehemaligen französischen Kolonialmacht. Die Baguettebrötchen gibt es in fünf Varianten, etwa mit Schweinebauch oder mit veganer Pastete und Seitan, dazu eingelegtes Gemüse, Salat und vietnamesische Kräuter.

Ebenfalls knackefrisch sind die Panini, die im italienischen Feinkostladen *Giuseppe Iaia* in Kalk vor deinen Augen belegt werden. Du kannst dich von den freundlichen Herren hinter der Theke überraschen lassen oder dir aus Schinken, Salami, Wurst, Käse und Antipasti dein Wunsch-Panino bauen.

Zum Schluss geht's auf die Insel. Wer beim Gedanken an die britische Küche nervös zuckt, war noch nie im *Tasty Pasty* in Nippes. Die Cornish Pasty war einst der Lunch der Bergarbeiter, ein Klassiker der Street-Food-Küche also. Hier bekommst du die Pastete traditionell mit Rind, Kartoffeln und Rüben sowie vegan mit Kürbis, Spinat oder Kichererbsen, Blumenkohl und Mango-Chutney. Lust, sich doch mal zu setzen? Dann bleib doch gleich zu British Afternoon Tea, der ebenfalls hier serviert wird.

← Küchenkulturenmix im Yame

← Gibt es etwas Praktischeres als eine gefüllte Teigtasche? God save the Tasty Cornish Pasty!

18 **Yame • Bonner Str. 33, 5067 Köln • yame-cologne.eatbu.com**

19 **Giuseppe Iaia • Johann-Mayer-Str. 18, 51105 Köln • Mo–Sa 8–18 Uhr**

20 **Tasty Pasty • Mauenheimer Str. 28, 50733 Köln • tasty-pasty.com**

Tortenschlacht und People watching Im Konditorenhimmel

→ 50er-Jahre-Erlebnis im Café Jansen! An der Teetasse den kleinen Finger abzuspreizen wird aber nicht verlangt …

→ Hausgemachte Leckereien gibt's in den zwei Cafés und in der Konditorei

Veganer Carrot Cake, Bananenbrot und Zimtschnecken in allen Ehren, aber manchmal muss es einfach die alte Schule sein. Wie bei den Marzipan-Obst-Törtchen der *Konditorei Klüppelberg* in Höhenberg: Marzipan, zarter Biskuit, leichte Crème und frisches Obst ergeben kleine Kunstwerke auf fünf mal fünf Zentimeter, für die sich die Käufer-Schlange schon mal bis aus dem Laden kringelt. Kiloweise Marzipan und Obst werden jede Woche verarbeitet, täglich warten bis zu 14 Sorten in der Theke.

INSIDER-TIPP Spitzen-Lunch

Ins *Café Wahlen* zieht es Retrofans schon wegen der Einrichtung – weiße Tischdecken, geblümte Tapete und Kronleuchter – und dem Gästemix: Hier lassen sich Piccolöchen schlürfende Ömchen neben Studenten und Großstadthipstern hervorragende Konditoren-Handwerkskunst munden. Es bleiben keine Wünsche offen, so üppig ist das Angebot an Torten, Kuchen und Feingebäck, sogar Baumkuchen gibt es. Hier ist nichts hastig zusammengerührt, die Zitronenroulade zum Beispiel ist so perfekt, als seien Biskuit und fluffige Crème mit dem Lineal eingesetzt. Wer noch was Herzhaftes sucht: Auch der Mittagstisch ist ein Gedicht.

Wie das Wahlen, so ist auch das *Café Jansen* eins der ältesten Cafés von Köln. Der runde Caféraum atmet Fifties-Charme, auf der Terrasse kann man Shoppende vorbeihasten sehen, während man sich entspannt Eissplittertorte mit ordentlicher Rumnote und hervorragenden Kaffee oder einen Sekt schmecken lässt.

21 **Konditorei Klüppelberg • Olpener Str. 262, 51103 Köln • konditorei-klueppelberg.de**

22 **Café Wahlen • Hohenstaufenring 64, 50674 Köln • cafe-wahlen.de**

23 **Jansen by Fassbender • Obenmarspforten 7, 50677 Köln • fassbender.de**

Lokales Superfood
Wildkräuter sammeln in der Stadt

»Spekulieren in der Natur geht gar nicht« – in diesem Punkt ist Kräuterpädagogin Mica von Frangenberg streng. In den Mund, Salat oder Kochtopf sollte nur das wandern, bei dem man sich zu hundert Prozent sicher ist, was man da vor sich hat. Packt man beispielsweise statt der bekömmlichen Schafgarbe den ihr verdammt ähnlichen Schierling in sein Körbchen, kann es ein böses Erwachen geben – oder vielmehr gar kein Erwachen. Zum Glück versorgt die Gründerin der Wildkräuterei angehende Kräuterfeen auf der dreistündigen Wanderung *Wildkräuterei on Tour* (30 €) entlang des Rheinufers von Poll nach Ensen mit eindeutigen Tricks, wie man solche »false friends« erkennt.

← Ist das vielleicht Schafgarbe? Oder Giersch? Oder doch Schierling?

← Wenn das Gundermann ist, kannst du's probieren

Die magischen Worte für alle Neulinge auf Kräutermission: anschauen, anfassen, riechen. So steht man also bald am Ufer, versenkt die Nase in die Blüten der Sumpf-Schafgarbe, streichelt dem Giersch die Blättchen, bewundert die blaue Blüte der Wegwarte, aus deren Wurzeln sich Muckefuck kochen lässt, kostet Gundermann und Taubnessel und entdeckt sogar Außergewöhnliches wie Japanischen Knöterich, dessen Stängel wie Rharbarber schmecken, oder wilden Hopfen, der in Spitzenrestaurants gerne wie Spargel verarbeitet wird, und und und. Dazu gibt es natürlich Tipps, wie und wann man die jeweiligen Pflanzen am besten findet, erntet und genießt, welche Heilkräfte in ihnen schlummern und was sich in Kosmetika verwandeln lässt. Wie man die Superfoods der Stadtnatur in der Küche – oder auch in der Heilkunde und Kosmetik – anwendet, erklärt von Frangenberg außerdem in ihrer *Wildkräuterei* in Junkersdorf in Kochkursen und Seminaren.

24 **Wildkräuterei on Tour • Treffpunkt Rodenkirchener Brücke auf der Poller Seite**

25 **Wildkräuterei • Dürener Str. 420, 50858 Köln • wildkraeuterei-koeln.de**

Zum Feierabend auf den Markt

Meet & Eat

→ **Chilenische Köstlichkeiten gibt's am Food-Truck »Cantina la Doña«**

Eigentlich soll man ja nicht hungrig zum Einkaufen gehen – in Hinblick auf den Abendmarkt *Meet & Eat* ist das aber ausnahmsweise eine prima Idee. Unter den rund 20 Anbietern, die donnerstags ab 16 Uhr auf dem Rudolfplatz ihre Zelte aufschlagen, sind nämlich einerseits klassische Wochenmarktstände, an denen man zum Beispiel Käse, Fisch oder Antipasti kosten und kaufen kann. Aber vor allem stehen hier Streetfood-Trucks, die Leckereien aus diversen Landesküchen anbieten: Beispielsweise gibt es beim Vintage-Foodwagen namens »Cantina la Doña«, Jahrgang 1969, chilenische Hotdogs (completos), Maisauflauf (pastel del choclo) und Churrasco-Burger, bei »Knödelfein« österreichische Spinat-, Käse- und Rote-Bete-Knödel, tunesische Wraps beim »Maison Touareg«, aber auch kölsche Tapas von »Elli's kölsche Küche« und vieles mehr. Mit einem Weinchen, Bier oder Aperol Spritz kannst du es dir damit an kleinen Tischen oder größeren überdachten Stehtischen – im Winter beheizt – auch in geselliger Runde gemütlich machen. Das Besondere am Konzept ist das Casting, dem sich die Standbetreiber bei der Marktverwaltung der Stadt Köln stellen müssen, ehe sie hier die Küchen aufbauen dürfen. Dabei liegt der Fokus auf einer guten Mischung regionaler oder biologisch arbeitender Anbieter internationaler und nationaler Küchenausrichtungen. Auch sind reine Getränkestände tabu, zu jedem ausgeschenkten alkoholischen Getränk gibt es einen kleinen Snack – man will hier weder eine Currywurstbude an der anderen noch Ballermannfeeling. Bleibt zu sagen: Die Rechnung geht auf!

26 **Meet & Eat-Wochenmarkt • Rudolfplatz • meet-and-eat.koeln • Do 16–21 Uhr**

01520-85 93 213

Wenn schon, denn schon Suurbrode vum Pääd

→ **Was könnte besser zum Pferdesauerbraten passen als Klöße und Apfelkompott?**

→ **Einblicke ins 19. Jh. gibt's im Haus Töller gratis dazu**

Hobbyreiter und Pferdemädchen müssen jetzt stark sein. Wer einen original Rheinischen Sauerbraten bestellt, hat nämlich Pferd auf dem Teller. Dabei ist das heute in Köln gar nicht mehr so leicht zu finden, denn häufig wird das Gericht inzwischen mit Rind zubereitet und darf sich dann eigentlich nur »Sauerbraten rheinischer Art« nennen. So erklärt es Henning Heuser vom *Haus Töller* in der südlichen Altstadt – als Chef der 1871 gegründeten Kölner Institution, die zu den ältesten Gastwirtschaften der Stadt zählt, weiß er, wovon er spricht. Nicht nur die Räumlichkeiten und die Einrichtung haben die Zeiten überdauert – so gibt es hier noch eins der seltenen Thekenschafe, wie der angestammte Platz des Wirts in den Gasthäusern genannt wird –, passend dazu setzt man auch bei den Speisen auf urkölsche Küchentradition. Für einen schön mürben Sauerbraten wird das Fleisch eine Woche lang in einer Marinade aus Essig, Wein und Gewürzen eingelegt, anschließend geschmort, sodass es einem im Mund zergeht. Die Begleiter auf dem Teller sind Klöße und Rotkohl, der Star aber ist die Soße, in die – das muss man mögen – Rosinen kommen.

In der ebenfalls traditionsreichen *Gaststätte Max Stark* in der Nordstadt, die stets voll ist und etwas moderner daherkommt, ist der Suurbroode ein Standard der Karte, der ganz selbstverständlich mit Pferdefleisch gemacht wird – allerdings ohne Rotkraut, sondern mit Klößen, Soße und Apfelkompott serviert wird. Aber Vorsicht: Man munkelt, Reisende hätten schon ihre Abfahrt verschoben, um noch mal in diesen Genuss zu kommen!

27 **Haus Töller • Weyerstr. 96, 50676 Köln • haus-toeller.de**

28 **Gaststätte Max Stark • Unter Kahlenhausen 47, 50668 Köln • max-stark.de**

Haus Schulz
Bestellt

Beyond Wochenmarkt

Gutes Gewissen und guter Geschmack

→ **Auswählen? Einfach! Aber wie viel zahlen? Nicole Klaski von The Good Food berät gerne**

INSIDER-TIPP
Kaum gerettet, schon gekocht

Möhrchen mit zwei Beinen, zu dick oder zu klein geratene Tomaten, krumme Gurken – durchweg erstklassige Lebensmittel, die trotzdem im Müll gelandet wären. »Lebensmittel retten« ist das konsequente Motto von *The Good Food*, das Gemüse und Obst, das sprichwörtlich durchs Raster fällt, gerade abgelaufene Lebensmittel von Craftbier bis zum Schokoriegel und Backwaren vom Vortag gegen »Bezahl, was es dir wert ist«-Spende unters hungrige Volk bringt. Wer den Laden in Ehrenfeld betritt, reibt sich erst mal die Augen, was da zusammenkommt – und wie lecker das alles aussieht. Kaum zu glauben, dass das Team dreimal die Woche die Landwirte, mit denen TGF-Gründerin Nicole Klaski als Partner zusammenarbeitet, abklappert, um dort die Felder nachzuernten oder bei Verpackern und anderen Partnern Ware abzuholen, die sonst weggeworfen worden wäre. So kann man in Ehrenfeld – und inzwischen an weiteren Standorten im Agnesviertel und Sülz – seinen kompletten Einkauf erledigen. Mehr als 100 ehrenamtliche Helferinnen und Helfer machen das Ganze möglich. Die Community trifft sich unter anderem bei den Kochkursen von The Good Food. Auch bei den *Marktschwärmern* ist man gut aufgehoben, wenn man auf Regionalität setzt. Im Durchschnitt legen die Produkte, die man in den einzelnen Marktschwärmereien bestellt, nur 40 km zurück. Produzenten und ihre städtische Kundschaft finden so unkompliziert zueinander.

29 **The Good Food • Venloer Str. 414, 50825 Köln • the-good-food.de**

30 **Marktschwärmer • mehrere Abholstationen in Köln und der Region • marktschwaermer.de**

Bitte fasse nur etwas an, das du auch kaufst!!
Zitronen -BIO-
Aubergine -BIO-
Honigmelone -konv.-
Aprikosen -konv.-
ÄPFEL -BIO-
Fenchel -BIO-

MARIENECK

Lass dich überraschen Supperclubs für Neugierige

Lust auf kulinarischen Zungenkitzel? Dann sind hier zwei Surprise-Pakete für dich. Beim *Sunday Supper* im Ehrenfelder Marieneck erfährst du erst einen Tag vorher, was beim Drei-Gänge-Menü auf den Tisch kommt. Auch das Talent der noch jungen Küchenprofis überrascht. Das Team hinter dem Sunday Supper – Foodjournalist Johannes Arens und Sommelier Marco Kramer – setzt auf Auszubildende aus Restaurant- und Hotelküchen. Drei Azubis nutzen hier die Chance, aus der oft starren Hackordnung der Küche auszubrechen und ihr Können abzufeuern. Nur die Vorgabe, regional und saisonal zu kochen, steht, ansonsten macht der Nachwuchs Menüplanung und Einkauf und schwitzt am Supper-Abend in der offenen Küche vor den rund 40, an zwei Tafeln sitzenden Gästen. Das Ganze lebt von Offenheit und Austausch, so schaut das Publikum zwischen den Gängen schon mal in der Küche vorbei, nach dem Dessert findet man an der Bar zusammen.

So auch beim Supperclub von *Dreigang*, der oft erst in den frühen Morgenstunden endet. Den circa 30 Gästen wird nicht nur erst kurz zuvor verraten, was es gibt, sondern wo sie überhaupt dinieren – das kann ein Künstleratelier, eine Autowerkstatt oder ein kleines Theater sein. Für das Pop-up-Restaurant mit Erlebnischarakter karrt die Crew von der Deko über die langen Tafeln, an denen aufgetischt wird, bis zur Küchenausstattung alles für den Abend an – einmalig! Am Herd stehen oft Sterneköche, aber auch erfolgreiche Foodblogger, die ihr eigenes regional-saisonales Drei-Gänge-Menü servieren. Der letzte Gang ist beim Sunday Supper wie bei Dreigang immer derselbe: frenetischer Applaus!

← Drei Gänge gibt's. Aber welche? Lass dich beim Sunday Supper überraschen!

← Ungewöhnliche Orte setzt das Dreigang-Team für sein Pop-up-Restaurant in Szene

31 **Sunday Supper • in der Kochschule Marieneck • sundaysupper.de**

32 **Dreigang • dreigang.net**

Scharfes aus Köln
Historische Senfmühle

→ **Du magst Senf? Hier bist du richtig: Die gelbe Delikatesse im Steinguttöpfchen bekommst du in der historischen Senfmühle**

Kleine Körnchen mit ordentlich Wumms: Wenn sich der 525 kg schwere Mühlstein der *historischen Senfmühle* (Führung 2,50 €) im Kölner Senfmuseum in der Altstadt in Bewegung setzt und die ätherischen Öle sich in der Luft verbreiten, pustet es jede Nase frei. Vielleicht kullert gar das eine oder andere Tränchen. Mehr als 200 Jahre hat die alte Dame, die ursprünglich aus Belgien stammt und sorgfältig restauriert wurde, schon auf dem Buckel: Doch nicht nur die Senfmühle aus dem Jahr 1810 ist historisch, auch das Kaltmahlverfahren und die Rezepturen, nach denen hier neun Senfsorten gemacht werden.

An mittelalterlichen Essgewohnheiten orientiert ist das aus dem 15. Jh. stammende Rezept des »Mühlen-Senf«, der mit Lebkuchen- und Printennote daherkommt. Ins Jahr 1820 und schon etwas näher an den modernen Geschmack springt der »Historische Senf«. Beide Rezepte sind Grundlage aller hier hergestellten Senfe, in die unter anderem Knoblauch, Honig und – was sonst? – Kölsch kommt: »Original Kölner Mostert« heißt der Senf mit Promille. Gemeinsam haben alle den Anspruch, ohne Zusatzstoffe oder Aromen auszukommen – schon mehrfach gab es Auszeichnungen. In den Führungen siehst du nicht nur, wie aus den Körnchen cremiger Senf wird, sondern bekommst auch einiges zur Senfgeschichte und der Entwicklung des Geschmacks in unseren Breiten erklärt. Zur Entscheidungsfindung kannst du dich im Shop am Probierbrettchen durchtesten. Oder du nimmst direkt ein paar Sorten im Steinguttöpfchen. Darin hält er sich außerhalb des Kühlschranks am besten, und zwar locker zwei Jahre. So kannst du ein gutes Weilchen deinen Senf dazugeben.

33 **Historische Senfmühle Köln • Holzmarkt 79–83, 50676 Köln • senfmuehle.net**

MEISTER BETRIEB
kostenlose Senfprobe
Senfmüllers -
Konfitüren
Alles mit Senf gewürzt.
Nachfüllstation

Kunst & Kultur! Zum Gucken. Zum Machen. Zum Mitmachen. Und manchmal auch zum Kaufen. Im Museum oder an der frischen Luft. Wo die Stars von morgen ihr Talent beweisen. Wo der Kulturklüngel die ganze Welt erschließt. Wo das Herz der Kölner Street-Art-Szene schlägt. Hier gibt's jede Menge kreativen Input!

Die kreativen Orte

Kunst & Kultur von gediegen bis hip

Keine Angst vor großen Arien

Ab in die Kinderoper

→ **Eines der Stücke auf dem Spielplan der Kinderoper: »Die Walküre für Kinder«**

Ein Lifehack für alle, die sich bisher nicht in die Oper getraut haben: Du musst selbst kein Kind mehr sein, um mit dem Nachwuchs in der *Kinderoper Köln* richtig viel Spaß mit dieser Kunstform zu haben. Hier läuft fast alles wie bei den Großen, nur brauchst du weniger Sitzfleisch. Rund 60 Minuten dauern die Produktionen für die Kids, dabei ist von bearbeiteten Fassungen klassischer Opern über vertonte Märchen bis zu extra fürs junge Publikum geschriebenen Stücken alles dabei. 1996 wurde das Haus an der Oper Köln gegründet – es ist die älteste Kinderoper Europas. Das Ziel: Junges Publikum an die Musik heranführen, damit später keiner mehr Angst vor der Oper haben muss.

Dass man hier kleine Herzen gewinnen möchte, merkt man von der ersten Minute an: Fantasievoll und lebendig sind Bühnenbild und Kostüme, es wird mit buntem Licht gearbeitet und die Darstellenden sind ganz nah am Publikum. So nah, dass schon mal begeisterte Kinder auf die Bühne sprinten und ihre liebsten Sänger mitten in der Arie drücken. Und auch sonst geben sich die kleinen Zuschauerinnen und Zuschauer wenig zugeknöpft: eine Vorstellung ohne kollektives »Ahh«, »Ohh« oder vergnügten Lachglucksern? Kommt nicht vor. Und genau so mag man das an der Kinderoper. Es stehen nicht nur Sängerinnen und Sänger der Oper Köln auf der Bühne, auch das Gürzenich-Orchester ist in einer kleineren Besetzung mit von der Partie. Preisgekrönt sind das »Education Programm« sowie das Projekt »Oper für Jung und Alt«. Dabei sitzen Kinder und Menschen mit Demenz gemeinsam im Publikum. Und amüsieren sich prächtig.

INSIDER-TIPP
Oper für alle!

1 Kinderoper Köln im Staatenhaus • Rheinparkweg 1, 50679 Köln • oper.koeln/de/kinderoper

Ohne Hemmschwelle
Kunst aus der Artothek

Du musst nicht steinreich sein, um dir echte Kunst an die Wand zu hängen. Für einen schmalen Fünfer Jahresbeitrag und sieben schlappe Euro pro ausgeliehenes Werk bist du dabei. Dafür schmücken zehn Wochen lang fachgerecht gerahmte Originale anerkannter Künstler vom Schlage eines Warhol oder Beuys dein Heim. Und wenn man ein Bild so lange mal ganz ohne um einen herumschleichende Museumsaufseher beäugen kann, verändert sich vielleicht auch der Blick darauf.

← Möchtest du eine Zeichnung oder ein Gemälde? Abstrakt oder realistisch …?

Genau das ist der Ansatz der *Artothek*: Kunst ist für alle da und man soll eben nicht erst viel Geld in die Hand nehmen müssen, um in Ruhe herauszufinden: Mag ich das, was da hängt? Zur Wahl stehen rund 1500 Werke zeitgenössischer Kunst – Gemälde, Fotografien, Skulpturen, Zeichnungen –, die insbesondere das Kunstschaffen in Köln und der Region seit den 1960er-Jahren abbilden. Wer unsicher ist, lässt sich von den Mitarbeiterinnen beraten, die völlig unverkrampft da rangehen. Meist ist die erste Frage: Sind Sie zu Fuß, per Rad oder mit dem Auto da? Schließlich lässt sich mit einer Riesenleinwand unterm Arm eher schlecht heimradeln.

Auch wer lieber schaut als leiht, ist hier richtig: Stets schmückt eine aktuelle Ausstellung von lokalen, regionalen oder internationalen Künstlern die Wände, gibt es Performances oder Videoinstallationen. Nicht zuletzt der lichtdurchflutete Raum im spätgotischen Haus Saaleck, das im Zweiten Weltkrieg ausbrannte und dann innen im Stil der 1950er-Jahre gestaltet wurde, ist eine Augenweide. An den hoch gelegenen Fenstern sieht man, dass er einst auch als Bibliothek genutzt wurde. Hier standen Regale mit Literatur zur zeitgenössischen Kunst, die Idee zur Kölner Artothek hatte 1973 nämlich Horst-Johannes Tümmers: Der war nicht nur Kunsthistoriker, sondern auch Direktor der Stadtbücherei.

2 **Artothek • Am Hof 50, 50667 Köln • museenkoeln.de/artothek**

Der Klang der Stadt
Stöbern in Kölner Plattenläden

INSIDER-TIPP
Lost in Music

Er ist legendär: Der »Sound of Cologne« – eine Variante des Minimal Techno – machte Köln in den 1990er-Jahren zur verheißungsvollen Hauptstadt der elektronischen Musik in Europa. Wer hat's erfunden? *Kompakt*! Das Musiklabel sitzt auch heute noch im Belgischen Viertel und lädt nicht nur bei den Kompakt-Labelnights im Rahmen des jährlichen Musikfestivals c/o pop dazu ein, in seine Klangwelten abzutauchen, sondern auch im hauseigenen Plattenladen. Hier wird hauptsächlich Vinyl verkauft und selbstverständlich kannst du auf Plattenspielern bester Qualität (Technics MK2) in Ambient, Techno und Minimal reinhören. Mehr als zehntausend Platten stehen zur Wahl – große Namen, Neuentdeckungen und Raritäten. Gute Beratung ist Ehrensache.

Mitgeschrieben an der Legende des »Sound of Cologne« hat das 1995 gegründete Label *A-Musik* im Griechenmarktviertel. Seitdem ist es eine der ersten Adressen in Köln, wenn es um experimentelle Musik geht. Wer in Stöberlaune ist, kann hier Stunden verbringen. Im *Underdog Recordstore* in der Nordstadt schlägt man zwar mit Punk, Hardcore und 60's/Garage eine komplett andere musikalische Marschrichtung ein, doch nach mehr als 20 Jahren im Geschäft ist der kleine Laden einfach Kult und eine Fundgrube am Musikpuls dieser Genres. Zum guten Ruf tragen auch die exzellenten Konzerte und Partys bei, die Underdog ausrichtet.

→ Elektronische Glücksgefühle bei Kompakt

3 Kompakt Recordstore • Werderstr. 15–19, 50672 Köln • kompakt.fm

4 A-Musik • Kleiner Griechenmarkt 28–30, 50676 Köln • a-musik.com

5 Underdog Recordstore • Ritterstr. 52, 50668 Köln • underdogrecordstore.de

KOMPAKT

Stars von morgen
Hochschultalent live erleben

→ **Große Kunst von den Stars von morgen – an HfMT und KHM (unten)**

»Ich war schon auf einem Konzert von denen, da waren die noch gar nicht so bekannt« – wer wollte nicht schon immer mal diesen Satz lässig in kulturbeflissener Runde fallen lassen? Die Weichen stellst du hier: Denn das geballte Talent, das an der *Hochschule für Musik und Tanz Köln* studiert, soll nach Wunsch der Lehrenden möglichst früh Bühnenerfahrung sammeln. Und so kann man in der Nordstadt für richtig kleines Geld – sechs Euro pro Ticket, die Klassenabende der Studierenden sind sogar kostenfrei – im Konzertsaal, dem Kammermusiksaal und der Studiobühne richtig große Kunst hören und sehen: Mozartopern, Sinfoniekonzerte, Beethoven-Quartette und zeitgenössischer Tanz kommen auf die Bühne. Du hast das ganze Jahr über die Wahl aus Hunderten Veranstaltungen, im Sommer zuweilen open-air, das Programm steht spätestens einen Monat vorher auf der Website.

Um »Mediale Künste« geht es bei den Rundgängen durch die *Kunsthochschule für Medien*, kurz KHM, in der Altstadt. Im Juni oder Juli lädt man ein, an vier Tagen das Schaffen der Studierenden aller Jahrgänge in den Gebäuden der Hochschule, unter anderem im historischen Overstolzenhaus, in Augenschein zu nehmen. Dazu gehören auch die Diplomarbeiten – mit ziemlicher Sicherheit siehst du hier also, was bzw. wer demnächst in Sachen Dokumentar- und Spielfilm, Video- und Soundkunst, Fotografie, Performance und Installation, Animation und Mixed Media den Ton angibt. Wechselnde Schauen gibt es zudem rund ums Jahr im Ausstellungsraum »Glasmoog«.

6 **Hochschule für Musik und Tanz Köln • Unter Krahnenbäumen 87, 50668 Köln • hfmt-koeln.de**

7 **Kunsthochschule für Medien Köln • Peter-Welter-Platz 2, 50676 Köln • khm.de**

HOCHSCHULE FÜR
USIK UND TANZ KÖLN

Alle Register ziehen
In der Orgelbau-werkstatt Klais

→ **Schon mal vom Pfeifenfuß gehört? Hier erfährst du, wozu die Orgel ihn braucht**

Die Hamburger Elbphilharmonie hat eine, die Petronas Towers in Kuala Lumpur auch, die Hallgrímskirkja in Reykjavík und natürlich der Kölner Dom (sogar mehrere): Klais-Orgeln. Die Unikate einer der, wenn nicht überhaupt der renommiertesten Orgelbauwerkstatt der Welt entstehen in einem unprätentiösen Hinterhof eines schönen Backsteinbaus im beschaulichen Bonn. Schon seit 1882 wird hier die »Königin der Instrumente« gebaut – heute bereits in vierter Generation.

Nun könnte man meinen, so viel Ruhm mache abgehoben. Weit gefehlt: Die sympathischen Orgelbauer öffnen Interessierten gerne ihre Werkstatt, um von ihrer Arbeit zu erzählen. In kleinen Gruppen von maximal zehn Personen verfolgt man den Weg der Orgeln, die hier in rund drei Jahren pro Instrument Gestalt annehmen: von den ersten Zeichnungen und am Computer erstellten Bauplänen über Holzlager und Gießerei in die Spieltischwerkstatt, Intonation und den großen Montagesaal. Sämtliche Orgeln werden hier einmal komplett zusammengebaut, ehe sie auf die Reise an ihren Bestimmungsort gehen. Wenn du Glück hast, steht gerade eine halbfertig im Raum.

Auch auf alte Schätzchen stößt man: In der Restaurierung kann man teils jahrzehntealten Orgeln unters Gehäuse gucken. Und natürlich erklären die erfahrenen Profis jeweils, was wo genau passiert und wie der Ton nun in die Pfeife kommt – von der kleinsten, die nur ein paar Millimeter misst, bis zur größten, die es auf 750 kg bringt. Wie die Einzelstücke, die hier gebaut werden, so sind auch die Führungen: individuell.

8 **Johannes Klais Orgelbau • Kölnstr. 148, 53111 Bonn • klais.de • Fr/Sa, buchbar über die Werkstatt oder die VHS**

Neues Bauen
Ein Architekturrundgang

»Lich, Luff und Bäumcher«: Hinter diesem knuffig klingenden Motto steckt eine Philosophie, die vor gut 100 Jahren auch den wenig betuchten Kölnerinnen und Kölnern schönes Wohnen ermöglichte. Mit der Losung »Licht, Luft und Bäumchen« trat die Gemeinnützige AG für Wohnungsbau, kurz GAG, an, mit sozialem Wohnungsbau die Menschen aus engen und unhygienischen Mietskasernen zu holen. Wilhelm Riphahn, der seiner Heimatstadt Köln mit Oper, Schauspielhaus und Ufa-Palast etliche Sahnestücke schenkte, wurde zu ihrem Architekten: Gartenstadt meets Neues Bauen.

Der erste Stopp in Mauenheim ist der 1922–1924 erbaute *Grüne Hof*: klare Linien, expressionistische Formen, ein großer Hof mit Spielplatz, Wäscheleine und Bänken. Aus Grün wird Blau in Buchforst: Mit dem 1926/27 entstandenen *Blauen Hof* samt riesigem Wohnhof huldigten Riphahn und Partner Caspar Maria Grod dem Licht – das Blau steht für den freien Blick in den Himmel. Die Bewohner freuten sich über Loggien und eigene Toiletten, damals keine Selbstverständlichkeit. Bauhausarchitektur hinterließ das Duo in den 1930er-Jahren auch mit der *Weißen Stadt* ein paar Straßen weiter. Sägezahnartig staffeln sich schneeweiße Fünfgeschosser aneinander, auch die Einfamilienhäuser sind eine Augenweide. Mit St. Petrus Canisius gehört zudem eine Kirche zum Ensemble: das einzige Gotteshaus Kölns im Bauhausstil.

← Hell, funktional, begrünt, modern: die Weiße Stadt

9 **Grüner Hof, 50739 Köln**

10 **Blauer Hof • zwischen Hertz-, Dortmunder, Kasseler und Waldecker Str., 51065 Köln**

11 **Weiße Stadt • zwischen Waldecker, Heidelberger und Kopernikusstr., 51065 Köln**

Eine Frage des Stils

Nachhaltig im Trend

→ **Du hast noch 'ne alte Jeans über? Gib sie im Iglu zum Recyceln ab!**

→ **Mach die Kleiderei zu deinem Kleiderschrank!**

Schneller, höher, weiter? Nö. Slow Fashion, nachhaltiger Konsum, DIY-Community sind die Schlagworte im *IGLU* im Agnesviertel. Der schnuckelige Laden ging nicht nur mit dem »Köln-Sweater« aus recycelten Jeans voran, sondern kriegt auch sonst »ökofair« und »hip« spielend unter einen – nachhaltig produzierten – Hut. Kleidung und Accessoires stammen aus Vorsaison-Kollektionen ökofairer Labels, sind Upcycling-Unikate – gerne von lokalen Designern – oder secondhand, können zu erschwinglichen Preisen gekauft oder getauscht werden. Um Gedankenaustausch, Kreativität und DIY in Sachen Nachhaltigkeit geht es bei Workshops, Filmabenden und Lesungen.

Auf eine gute Art und Weise im Kreis dreht sich Konsum auch in der *Kleiderei* in Ehrenfeld: Hier regiert das visionäre Motto »Stil hast du, Kleidung leihst du«. An den Stangen hängen Secondhand-Ware, Upcycling-Stücke sowie fair produzierte Mode von Kooperationspartnern, unter anderem der Kölner Labels Armed Angels, Lanius und Shipsheip. Der Clou: All das kann man zwar kaufen, aber vor allem gegen einen monatlichen Beitrag leihen. So oft man mag, sucht man sich bis zu vier Stücke auf einmal aus – so wird der Laden quasi zum begehbaren Kleiderschrank, durch den man sich nach Lust, Laune und Anlass durchprobieren kann. Tschö, Fehlkäufe und Schrankleichen. Community wird großgeschrieben, regelmäßige Events wie der »Supermarkt« (*dersupermarkt.net*) drehen sich natürlich auch um nachhaltige Mode und Design, Tauschen und DIY. Die Kleiderei macht sogar Radio, hör mal rein: *dublab.de/shows/kleiderei-radio.*

INSIDER-TIPP
Mode auf die Ohren

12 **IGLU gUG • Sudermannplatz 1, 50670 Köln • kisstheinuit.de**

13 **Kleiderei • Venloer Str. 459, 50825 Köln • kleiderei.com**

BÄCKEREI &

Kamera läuft!
Backstage in den MMC-Studios

Hinter die Kulissen schauen? Das kannst du auf der TV-Backstage-Tour (Erw. 15 €, erm. 11 €) durch die *MMC-Studios* in Ossendorf wörtlich nehmen. Durchs riesige Tageslichtstudio – immerhin das größte in Europa – rasten bei Dreharbeiten schon Autos für »Alarm für Cobra 11«, hier kocht TV-Star Steffen Henssler gegen seine Herausforderer und flitzten Stars bei »Dancing on Ice« übers Eis. Auf dem rund 157 000 m² großen Coloneum-Gelände ist ordentlich Platz für rund 20 Studios, Werkstätten und Außenkulissen, und sogar für einen Weltrekord: Mit 26 m Deckenhöhe sind gleich zwei Studios die höchsten der Erde und perfekt für Drehs wie für den TV-Film »Hindenburg«.

Während man sich in den Studios, die größten bringen es auf 2600 m², ganz schön klein vorkommt, wundert man sich dafür in den Außenkulissen von »Alles was zählt« oder »Unter uns«, wie viele Serienschauplätze man auf relativ kleinen Raum bekommt. Warum das auf dem Bildschirm so anders wirkt? Das und jede Menge weiterer Tricks und Kniffe der Filmemacher werden während der Führung verraten, hinterher weißt du auch, warum Stars im echten Leben meist schlanker wirken. Der Blick in eine Maske, in der die sonst frisiert und geschminkt werden (weniger glamourös, als man denkt), steht ebenso auf dem Plan wie ein Stopp im Regieraum, wo bei Live-Sendungen und der Produktion von mehrstündigen Shows (»Joko & Klaas«) die Fäden zusammenlaufen. VIP-Faktor: Soap-Fans können die Tour mit Schauspieler Holger Franke aka Bäcker Wolfgang Weigel aus »Unter uns« machen (Erw. 24 €, erm. 18 €).

← Schauspieler Holger Franke nimmt dich bei der Promi-Tour mit an seinen Arbeitsplatz bei »Unter uns«

← TV-Luft schnuppern in den Studios auf der Backstage-Tour

INSIDER-TIPP
Den kenn ich doch!

14 **MMC Studios • Am Coloneum 1, 50829 Köln • mmc.de • Buchung über Helikon Events, helikon-events.de**

Die ganze Welt in Köln Unterwegs mit dem Kulturklüngel

→ **(Fast) Immer dabei: die Kulturklüngel-Rikscha**

→ **Zwischendrin ein Häppchen, oder zwei ...**

Köln kann nicht nur kölsch: Menschen aus mehr als 180 Nationen haben hier ihre Heimat gefunden. Einige von ihnen lernst du bei den Kulturwanderungen und kulinarischen Weltreisen mit dem *Kölner Kulturklüngel* kennen. Jahrelang arbeitete Gründer Thomas Bönig als Freizeitpädagoge und Reiseleiter auf der ganzen Welt, ehe er sein »Fremdenverkehrsamt der Kulturen« aufmachte und seitdem Interessierten die vielen verschiedenen Welten Kölns zeigt. Dafür brauchst du in keinen Flieger zu steigen, es geht zu Fuß oder per Rad auf Weltreise-Rallye, nach Lateinamerika, Persien, China, Japan, Indien, in die Türkei und den Orient.

Kulturkitsch? Fehlanzeige! Am afghanischen Kiosk gibt es original Kartoffelpfannkuchen mit Kräuter-Chili-Soße rustikal auf die Hand, im chinesischen Gesundheitszentrum muss sich ein Freiwilliger fürs Feuerschröpfen finden und gemeinsam werden die ersten Schritte eines traditionellen indischen Tanzes versucht. Livemusik ist immer dabei – ob indische Dhol-Trommeln oder kleine Konzerte an ungewöhnlichen Orten. Es geht in Hinterhöfe, kleine Ateliers, zu Religionsgemeinschaften, Werkstätten und oft zu den Menschen nach Hause – die Reiseleiter in Bönigs Team stammen schließlich meist selbst aus dem Kulturkreis, in den sie Einblick geben, und vermitteln, was den Alltag der Menschen wirklich ausmacht. So bekommt man auf den kulinarischen Weltreisen von Gastronomen gerne die Gerichte der Oma serviert, die man sonst nicht auf der Karte findet, oder bleibt am Ende einer Kulturwanderung auf der Party afrikanischer Musiker gerne mal länger hängen.

15 **Kölner Kulturklüngel • Meister-Gerhard-Str. 6, 50674 Köln • kulturkluengel.de**

Säfte /
Softdrinks

DON'T WORRY

Kaum zu glauben

Kunst & Kultur in der Kirche

Glaube und Kunst passen gut zusammen – wenn man sich traut. Wie Friedhelm Mennekes: Der Jesuitenpater lud 1987 die zeitgenössische Kunst in seine Kirche Sankt Peter in der Innenstadt ein. Das Credo: Kirchenraum, Liturgie, Kunst und Musik wirken in der *Kunst-Station Sankt Peter* auf- und miteinander. Im schlichten Raum der gotischen Kirche beeindrucken Gemälde, Skulpturen und Installationen von wechselnden Künstlern wie Gerhard Richter, nehmen Bilder mal den ganzen Boden ein, wird Heu zum Teil eines Werks und erklingt zeitgenössische (Orgel-) Musik in Gottesdiensten und Konzerten. So viel Aufgeschlossenheit stieß bei den kirchlichen Behörden zuweilen auf wenig Gegenliebe. Inzwischen sind die Wogen jedoch geglättet, die Kunst bleibt und der Leucht-Schriftzug am Kirchturm, von Turner-Preisträger Martin Creed, hat recht behalten: »Sorge dich nicht«. In Sankt Peter hängt übrigens auch ein echter Rubens – die »Kreuzigung Christi«.

INSIDER-TIPP
Ein Klassiker als Zugabe

Auch die Auferstehungskirche in Buchforst geizt nicht mit Außenwirkung: Wie eine Pyramide ragt sie gen Himmel. Im Inneren des in den 1960er-Jahren von Georg Rasch und Winfried Wolsky entworfenen Baus sorgen spärlich einfallendes Licht, schlichte Formen und Materialien für eine besondere Atmosphäre. Die kommt auch den Konzerten und Ausstellungen zugute. Denn nachdem 2008 die GAG-Genossenschaft Trägerin der Kirche wurde, zog nicht nur wieder eine Gemeinde ein, sondern wird auch als *Kulturkirche Ost* großartiges Kulturprogramm gemacht.

← Don't worry, es gibt ja die Kunst – in Sankt Peter (oben) und der Kulturkirche Ost (unten)

16 **Kunst-Station Sankt Peter • Jabachstr. 1, Eingang Leonhard-Tietz-Str. 6, 50676 Köln • sankt-peter-koeln.de**

17 **Kulturkirche Ost • Kopernikusstr. 32/34, 51065 Köln • kulturkirche-ost.de**

Hausbesuch machen
In der Museumswohnung

↓ **Wie wohnte man früher? Finde es raus im Koloniemuseum Leverkusen und …**

↓ **in der Museumswohnung in der Germaniasiedlung**

Sie haben uns ein Denkmal gebaut! In der Tat: Die Germania-Siedlung in Höhenberg steht seit dem Jahr 2000 größtenteils unter Denkmalschutz. Wer durch die weitläufigen Straßen flaniert, vorbei an Spielplätzen und Grün, glaubt erst mal nicht, dass man sich auf ehemaligem Zechengelände befindet. Ab 1920 baute die Wohnbaugenossenschaft *GAG* hier Häuser für Arbeiter und Angestellte, die für damalige Wohnverhältnisse einen gewissen Luxus genossen. Elektrisches Licht, das man per Lichtschalter aus schwarzem Bakelit anknipste, eine moderne Bratenröhre und ein Eisschrank, in den man zum Kühlen einen Klotz Eis ins

oberste Fach packte – was vor 100 Jahren der letzte Schrei war, kannst du heute in der von der GAG eingerichteten *Museumswohnung* bewundern. Nähmaschine, Kaffeemühle, Waschbrett, Milchkanne und mit »Ochsenblut« gestrichene Dielen – die Ausstellungsstücke sind eine kleine Zeitreise.

Während sie zum Teil aus dem Kölnischen Stadtmuseum stammen oder nachgebaut sind, ist im Leverkusener *Koloniemuseum* beinahe jedes Stück original: Von der Puppe übers wuchtige Bett im blau gestrichenen Schlafzimmer bis zur Teekanne und dem Waschzuber wurde das meiste von ehemaligen Bewohnern und deren Familien gespendet. Sie waren Angestellte des Bayer-Werks, das ab Anfang des 20. Jhs. ganze Siedlungen, die sogenannten Kolonien, für seine Belegschaft baute. Vom Keller bis zum Dach erlebt man hier hautnah, wie man es sich vor rund 100 Jahren daheim kommod machte.

18 **GAG-Museumswohnung im Paul-Schwellenbach-Haus • Weimarer Str. 15, Köln • gag-koeln.de/wir-fur-koln/museumswohnung**

19 **Koloniemuseum Leverkusen • Nobelstr. 78, 51373 Leverkusen • kolonie-museum.de**

La vie en couleur
Kultur im Dessous-Laden

Bienvenue in Kölns preisgekröntem Feminist Concept Store! Die Französin Diane-Sophie Durigon verbindet in ihrem charmanten Laden *Le Pop Lingerie* in Ehrenfeld sinnliche Joie de vivre mit Mode und Popkultur. Vor allem das Leben der Kölnerinnen macht sie bunter: Sexy Wäsche und luftige Dessous gibt's nicht nur in allen Farben, sondern auch Formen und Größen – so findet hier von A bis K jede Brust ihr Körbchen. »Wir beraten auf den Millimeter genau«, verspricht Durigon. Passform, Qualität, Nachhaltigkeit und Bezahlbarkeit sind ihr wichtig, das gilt auch für die ausgefallene Swim- und Beachware. Unbezahlbar hingegen: Die Lässigkeit und Selbstverständlichkeit, mit der hier die Liebe zum (eigenen) Körper zelebriert wird. Dazu gehören neben der knallbunten Sextoy-Kollektion auch Workshops mit der Sexualtherapeutin Suzi Schütze. Unverkrampft und esoterikfrei vermittelt die mit Puppen und Piccolofläschchen unter anderem die gekonnte Yoni- und Linga-Massage oder gibt Einblicke in die weibliche Masturbation. Wer gewisse Erkenntnisse lieber daheim im Sessel hat, bedient sich in der Buchecke, die neben Sex-Aufklärung per Comics oder Graphic Novels auch Lesenswertes über Feminismus und Gesellschaft versammelt. Und weil Le Pop Lingerie auch ein Begegnungsort ist, werden Lesungen, Performances, Ausstellungen oder »Meet the designer«-Events, bei denen man die Macherinnen hinter den Wäschemarken kennenlernt, veranstaltet. Und immer wieder Konzerte: Die Musik ist Durigons große Liebe, und so gelang es ihr bereits, Bands und Musiker wie Ash, Andrew Collberg, Molly Burch oder Einar Stray in den Laden zu locken, die ihr Set im Schaufenster aufbauen und exklusiv vor 50 Leuten spielen. Merci beaucoup!

← Dessous, Spielzeug, Geschenke – lass dich von Diane-Sophie Durigon beraten

INSIDER-TIPP
Massagen für sie und ihn

20 **Le Pop Lingerie • Geisselstr. 10, 50823 Köln • lepoplingerie.de**

Kunst am Straßenrand Auf Street-Art-Tour

→ **Ideale Reviere für Street-Art-Künstler: triste Wände und Durchgänge**

Gegen Beton, graue Häuserwände und die urbane Tristesse sprayen, malen und pasten Street-Art-Künstler in Köln schon seit Jahrzehnten an. Um einiges bunter wurde und wird die Stadt zudem seit dem ersten Cityleaks Urban Art Festival 2011. Alle zwei Jahre schlägt das Herz der internationalen Straßenkunst in einem anderen Veedel und hinterlässt großformatige Spuren von Szenegrößen wie ROA, Inti, Herakut, Claudio Ethos oder Captain Borderline, die dröge Flächen in gigantische Murals verwandeln.

Du musst aber keine zwei Jahre warten, um die Kunstwerke auf einer *Street-Art-Führung* zu entdecken, denn die bieten z. B. der Cityleaks-Veranstalter artrmx e. V. (10 €) sowie Alternative Cologne Tours (s. S. 90) regelmäßig zu Fuß oder per Rad an, ACT haben dazu sogar Smartphone-Schnitzeljagden im Programm. Bei der Fülle der bunten Kunst, die an vielen Ecken auch kleinformatiger mit Kacheln, Stencils und Paste-ups von seiLeise, Invader oder Sweetsnini daherkommt, kannst du dich zudem auf eigene Faust aufmachen. Street-Art-Mekka ist Ehrenfeld, wo man vor allem im Umfeld der Helios- und Vogelsangerstraße, des Bürgerzentrums an der Venloerstraße und rund um den Ehrenfelder Bahnhof fündig wird. Auch im Belgischen Viertel (Moltkestraße), an der Bahntrasse zwischen Hauptbahnhof und Ebertplatz, in Mülheim (Kulturbunker) und insbesondere in Nippes gibt es viel zu sehen. Dort haben u. a. die sogenannten Mittwochsmaler beim Projekt »Linie 13« die grauen Pfeiler der S-Bahntrasse (Start: Neusser Straße/Gürtel) zu farbigen Kunstwerken gemacht. Schließlich haben sich auch einige Galerien auf Street- und Urban Art spezialisiert, Tipp: *30works*.

21 **Street-Art-Führungen • cityleaks-festival.de/de/fuehrungen**

22 **30works Galerie • Pfeilstr. 47, 50672 Köln • 30works.de**

REWE
Mo.-Sa.
7-24 Uhr
Abholservice
Einfahrt
P

30
ZONE

Memento mori! In St. Ursulas »Knochenkammer«

Ein wenig Grusel bleibt nicht aus bei diesem Anblick – Schädel, Rippen, Wirbel, Ober- und Unterschenkelknochen türmen sich, teils in Mustern angeordnet, meterhoch bis unter die himmelblaue Decke. Dazwischen Büsten mit Frauengesichtern, mit einem seligen Lächeln auf den Lippen, wie es nur Märtyrerinnen steht. Die Goldene Kammer in der der heiligen Ursula geweihten Kirche in der Innenstadt gilt als eine der größten Reliquienkammern der Welt. Glaubt man sofort.

← Auf den ersten Blick? Hübsch! Beim zweiten wird's schaurig …

Wenn diese Knochen reden könnten … Angeblich stammen sie von 11 000 Jungfrauen, die der englischen Königstochter Ursula auf Pilgerfahrt nach Rom folgten und dann zu ihrem Unglück auf der Heimreise in Köln von den die Stadt belagernden Hunnen niedergemetzelt wurden. Pech für Ursula und die Ihren, Glück für Köln: Denn kaum war die fromme Dame als Märtyrerin verschieden, erschienen der Legende nach 11 000 Engel und vertrieben die Heiden. Nach dieser exzellenten Arbeitsprobe war Ursula der Job als Schutzpatronin der Stadt Köln sicher und sie bekam ein eigenes Gotteshaus.

Im Mittelalter blühten Pilgertourismus und Reliquienhandel, und da passte es hervorragend, dass man bei Erweitungsbauten der Stadtmauer jede Menge Knochen entdeckte. Das konnten ja wohl nur Ursula und ihre 11 000 sein! Dass das Gräberfeld eigentlich römischen Ursprungs war und auch männliche Überreste enthielt? Geschenkt. Trotz des regen Souvenirgeschäfts blieben noch genügend Knochen, um im 17. Jh. die Goldene Kammer in *St. Ursula* zu füllen, in der man heute staunend steht ob so viel Memento mori.

23 **St. Ursula • Ursulaplatz 30, 50668 Köln • sankt-ursula-koeln.de**

Individualtourismus

Auf Schnitzeljagd durch Köln

→ **Zück dein Smartphone, und los geht die Schnitzeljagd**

→ **Kommst du dem Bananensprayer auf die Spur?**

Du lässt dir nichts erzählen? Sehr gut, bei dieser Stadtführung musst du dir die Infos nämlich mit etwas Spürsinn selbst erarbeiten. Die digitale *Schnitzeljagd durch Köln* von Alternative Cologne Tours (ab 9,90 €) lotst dich per Handy an auch mal ungewöhnliche Stationen zwischen Dom und Altstadt, an denen du Fantasie und Geduld brauchst, um die Antwort auszutüfteln. Ganz nebenbei tauchst du so nicht nur in die Stadtgeschichte ein, sondern kommst u. a. kölschen Redewendungen, Legenden und so mancher Eigenart auf die Spur, findest heraus, was Obst mit Kölner Kunst zu tun hat und lüftest das Rätsel des ältesten Parfüms der Stadt. Street-Art-Fans können zwei Spezialtouren rund um den Hauptbahnhof und das Belgische Viertel buchen. Ein Blick lohnt auch auf die anderen Stadt- und Straßenkunstführungen mit Guide Eva.

In einen der buntesten Stadtteile Kölns, Mülheim auf der »Schäl Sick«, führen die vier Audiowalks von *Muelheimat.Cologne*, wofür du dein Smartphone und Kopfhörer brauchst. Du kannst dich entscheiden, welche Seite des von vielen verschiedenen Kulturen geprägten Viertels dich am meisten reizt und wahlweise den Stimmen von Zugewanderten, Kulturschaffenden oder sozial engagierten Menschen lauschen, auch dem Thema Rhein, Hafen und Industriegeschichte ist eine Tour gewidmet. Das Besondere am Projekt: Vom Pfarrer über Rapper, Sozialarbeiter, und Schauspieler bis hin zu Cafébesitzern kommen »echte« Menschen zu Wort, die von ihrem Alltag und Leben, ihrer Arbeit und ihrem Engagement in Mülheim erzählen.

24 **Schnitzeljagd durch Köln von Alternative Cologne Tours • Start am Römischen Nordtor vor dem Dom • alternativecolognetours.com**

25 **Mülheimat Audiowalk • muelheimat.cologne • kostenfrei**

ALTERNATIVE COLOGNE TOURS QUIZ
Schön, dass du Köln auf eine neue Art und Weise kennenlernen möchtest.
Hier noch ein paar Erklärungen, bevor es losgeht:
Links oben wird manchmal ein i stehen. Wenn du das anklickst bekommst du zusätzliche Informationen.
Es gibt Schätzfragen. Dazu findest du keine Informationen. Du darfst einfach raten.
Wenn du [Fertig] klickst, beendest du das Quiz und kannst auch nicht mehr drauf zurückgreifen.
Mit [Weiter] kommst du zur nächsten Frage. Manchmal kannst du mehrere Antworten anklicken.
Am Ende siehst du wie viel Prozent du richtig hast.
Start von dem Quiz ist am Römischen Nordtor (Kardinal-Höffner-Platz), wie auf der Homepage beschrieben.
Viel Spaß.
Start
Cookie Policy

Und: Action! Auf dem Wasser, zu Lande oder in der Luft. Ob kleine Mutprobe, sportliche Spitzenleistung oder einfach mal aufs Spaßpedal treten: Tob dich aus, sei wild, und zeig, was in dir steckt!

Die wilde Seite

Gas geben und Spaß haben von sportlich bis mutig

Oberste Schublade

Übers Wasser (Eis) laufen

→ **Einmalig in Europa: die Eishochbahn**

→ **Draußen: baden und chillen**

INSIDER-TIPP **Nah an der Natur gebaut**

Man könnte es glatt für ein Ufo halten, wenn es abends dämmert im Lentpark und die Lichter angehen in der gleichnamigen Eis- und Schwimmhalle: Im Erdgeschoss schimmert das Schwimmbecken blau, während ein Stockwerk höher kleine Figuren durch grünlich schimmerndes Licht huschen. Der komplett verglaste Bau landete 2011 im Kölner Norden. Klar, du kannst hier deine Bahnen schwimmen (Winter 4,90 €, Sommer 5,80 €) und auf der Eisfläche die Kufen schwingen (ab 8,50 €). Das eigentliche Erlebnis wartet aber ein Stockwerk höher, 4,50 m über dem Boden, um genau zu sein. Auf 260 Metern führt hier die 8 m breite Eisbahn als Rundkurs einmal durchs komplette Gebäude. Wer sich nicht mehr auf die eigenen Füße konzentrieren muss, hat dabei gute Aussichten: nach draußen auf den Park und die Stadt, nach innen auf die im Parterre Pirouetten drehenden Eistänzer auf der einen Seite und die Schwimmenden im Hallenbad auf der anderen.

Moment, kann das denn umweltfreundlich sein, wenn Wasser in solch unterschiedlichen Aggregatzuständen so nah zusammenkommt? Und ob! Denn mit der Abwärme der Kältemaschine wird hier im *Lentpark* direkt das Hallenbad beheizt. Eine energieökologische Win-win-Situation, bei der auch noch ordentlich Spaß rumkommt. Wenn dein Herz auch sonst für Natürliches schlägt, sei dir an dieser Stelle der im Außengelände gelegene Naturbadeteich, der komplett ohne Chlor auskommt, empfohlen. Freilich nur im Sommer. Aber solange kannst du ja noch ein paar Bahnen im Hallenbad schwimmen oder auf der Eisbahn deine Runden drehen.

1 Lentpark • Lentstr. 30, 50668 Köln • koelnbaeder.de/eis/lentpark/info

Kap
686

Rollt bei dir! Skaten mit Rheinblick

Na klar, am KAP686 geht's um Curbs, Rails, Manny Pads und Beer Banks – aber man kommt auch wegen des Ausblicks auf Väterchen Rhein. Am Rheinkilometer 686, kurz vor der Südbrücke, hat die Stadt Köln auf 2000 Quadratmetern ein kleines Street Skater's Paradise geschaffen. Weil am Rheinauhafen auch gastronomisch einiges zu holen ist, kommst du, wenn du dich nicht selbst aufs Brett trauen solltest, am *KAP 686* ebenfalls auf deine Kosten – und guckst beim Latte-Macchiato-Schlürfen wahlweise auf die vorüberziehenden Schleppkähne oder die Rollbrettkünstler.

← Coole Sprünge vor der Südbrücke

← Skater-Institution in Köln: das KAP 686

Wer es eher gemächlich anrollen lassen will, weiß die betonierte Rheinpromenade an der *Deutzer Werft* zu schätzen. Auf der ebenen Fläche steigen von Kids über Teenies bis zu älteren Semestern alle aufs Brett, die es – noch oder endlich mal – wissen wollen. Wer eine Pause braucht, lässt sich auf der Wiese daneben nieder und genießt den Blick aufs linksrheinische Köln-Panorama: Dom, Altstadt, Schokomuseum und Kranhäuser winken von der anderen Flussseite. Übrigens kann man hier auch prima Körbe an drei fest installierten Basketballständern werfen.

INSIDER-TIPP
Bälle versenken am Rhein

Für den rollbaren Untersatz und eine gute Auswahl passender Klamotten sorgt *Tante Skäte* in der Südstadt. Fachkundig beraten kannst du dir hier dein Traumbrett zusammenstellen. Du meinst es ernst? Dann lass dir in einem Workshop bei der Skateboard Akademie *(skateboard-akademie.de)* zeigen, wie der Pro rollt!

2 **Skate Plaza KAP686 • Agrippinaufer, 50678 Köln • dom-skateboarding-ev.de**

3 **Deutzer Werft, 50679 Köln**

4 **Tante Skäte • Ubierring 19, 50678 Köln • tante-skaete.de**

Riesenvögel im Anflug Planespotting in der Wahner Heide

→ **Flieger, grüß mir die Sonne!**

Natürlich kann man es sich auf einer der Besucherterrassen am Flughafen Köln/Bonn gemütlich machen, bei einem Kaffee den Blick übers geschäftige Vorfeld schweifen lassen und den großen Vögeln beim Starten und Landen auf der Interkontinentalbahn zusehen. Doch wer den Fliegern noch etwas näherkommen möchte, sollte sich in die Büsche schlagen. Genau genommen in die Wahner Heide. Läuft man vom Parkplatz *Untere Querschneise* an der Alten Kölner Straße circa 100 m gen Süden und hält sich am rot markierten Pfahl (diese kennzeichnen die offiziellen Wege, die man nicht verlassen sollte) links, gelangt man zu einer Wiese, an deren Rand man bei schönem Wetter kurz Rast machen und ein Kölsch köpfen kann. Nur ein paar Schritte weiter erstreckt sich hinter dem Flughafenzaun über beinahe vier Kilometer schnurgerade die Große Start- und Landebahn. Dass es unterm Boden hin und wieder rumpelt, liegt an der unterirdisch verlaufenden ICE-Strecke.

Doch dann kommt das Grollen plötzlich von oben, aus der Ferne. Der Blick wandert himmelwärts nach Nordwesten und da tauchen auch schon Scheinwerfer, Nase und Flügel einer Maschine im Landeanflug auf. Zielstrebig hält sie gefühlt genau auf einen zu, bis sie schließlich mit ohrenbetäubendem Krach über einen hinwegdonnert. Wusch, ist der Flieger auch schon vorbei und senkt sich majestätisch auf die Landebahn hinab. Hat sich der Puls wieder etwas beruhigt, man wieder Platz genommen und am Kölsch genippt, kann man den nächsten Riesenvogel kaum erwarten.

5 **Planespotting-Punkt an der Unteren Querschneise • ausgeschilderter Parkplatz an der Alten Kölner Str. • von dort 100 m über den Waldweg zum Flughafenzaun**

Skispaß ohne Schnee
Skiken im Stadtwald

→ **Wenn du's versuchen willst: Vergiss Knie- und Ellenbogenschoner nicht, bei kurzer Hose sind auch Kniestrümpfe angesagt**

Wann lag das letzte Mal Schnee in Köln? Gute Frage, nächste Frage! Doch du musst bei Ski-Entzug weder zu Petrus beten noch einen hunderte Kilometer entfernten Alpenort mit Schneegarantie ansteuern, um auf deine Kosten zu kommen: Skiken heißt die Lösung. Noch nie gehört? Dann auf zum *Schnupperkurs des Ski-Clubs Blau-Rot Köln* (40 €). Eine kleine Vorwarnung: Auch wenn es leicht aussieht, dich erwarten zwei anstrengende Stunden. Zunächst gilt es, die fahrbaren Untersätze an die Füße zu bekommen. Skikes besitzen zwei luftgefüllte Reifen, die über eine größenverstellbare Aluminiumschiene miteinander verbunden sind und per Klettverschluss an Fuß und Bein befestigt werden.

Dann bekommst du zwei Stöcke in die Hand gedrückt und machst auf dem asphaltierten Parkplatz vor der Jahnwiese deine ersten Geh-, pardon, Fahrversuche. Das richtige Bremsen will gemeistert werden, in Kurven heißt es umtreten, und auch der korrekte Skating-Rhythmus erfordert etwas Übung. Dann geht's endlich ins Gelände: Im Stadtwald bekommst du Waldboden unter die Räder, flitzt im Grünen über Stock und Stein – genau das ist der Vorteil der Skikes, mit Inlinern läge man hier längst auf der Nase. Dafür fließt der Schweiß nicht zu knapp und dann muss noch die Nervenprobe einer kleinen Abfahrt am Adenauerweiher bestanden werden, ohne auf den eigenen vier Buchstaben oder im Wasser zu landen. Wie war das noch mal mit der Bremse? Am Ende ist zwar klar, dass du morgen Muskelkater haben wirst, aber mei, a Riesngaudi! Und das mitten im Rheinland.

6 **Skikes-Schnupperkurs beim Ski-Club Blau-Rot Köln • Treffpunkt: Parkplatz an der Jahnwiese, Junkersdorfer Str., 50933 Köln • skiclub-koeln.de**

Schau mal einer an
Bergische Panorama-Radwege

Wo früher Züge durchs Bergische dampften, sausen jetzt Fahrräder lang. Die Natur der stillgelegten Bahntrassen, die zu den drei autofreien *Bergischen Panorama-Radwegen* umgestaltet wurden, bringt es mit sich, dass es nirgendwo extrem hoch und runtergeht. Dafür hat man mehr Puste, um am Wegesrand neben viel Landschaftsidylle die eine oder andere ingenieurtechnische Meisterleistung des 19. Jhs. zu bewundern – hohe Brücken führen dich über Täler, lange Tunnel durch die Berge. Der »kleinste« im Bunde, der Panorama-Radweg Niederbergbahn mit einer Gesamtstrecke von 35,5 km, leitet dich beispielsweise über die erste Waggonbrücke Deutschlands und den Viadukt Ruhrstraße Süd bei Heiligenhaus. Auf den Spuren des »Balkan-Express«, der einst Leverkusen-Opladen mit Remscheid-Lennep verband, ist man über 51 km auf dem Panorama-Radweg Balkantrasse durch malerische Stadt- und Dorfkerne unterwegs. Biergärten in einstigen Bahnhöfen sorgen für die Pausenverpflegung.

→ In die Pedale treten heißt es auf den Bergischen Panorama-Radwegen

Auf nicht gerade wenige Attraktionen bringt es der Bergische Panorama-Radweg auf seinen 132 km. Unbedingt Stopp machen im Müngstener Brückenpark! Über dir spannt sich hier in 107 m Höhe mit der Müngstener Brücke die höchste Eisenbahnbrücke Deutschlands. Über die Wupper geht's nur mit Mucki-Power: Die Schwebefähre wird per Handkurbel betrieben. Auf Schloss Burg bringt dich und dein Bike zum Glück ein Sessellift hoch. Die beschilderten Panorama-Radwege lassen sich munter untereinander kombinieren sowie in Etappen befahren – und im Übrigen auch mit Inlineskates, Skateboards etc. – oder erwandern. Über die lohnenswerten Abstecher zu Schauplätzen der Industriekultur der Region und Museen informierst du dich am besten zuvor im Netz.

INSIDER-TIPP
Ziiiieeeehh-hh!!

7 **Bergische Panorama-Radwege • einfach-bergisch-radeln.de**

Köllefornia-Feeling
Die perfekte Welle

→ **Folge der Welle, und dem Boot!**

Mal eben eine Runde Surfen auf dem Rhein? Geht! Egal, ob blutiger Anfänger oder Wellenflüsterer – das Kölner Freundetrio Ben Ickenroth, Romi Zöllkau und Lukas Staallekker von *Surft. Kologne* kriegt sie alle aufs Brett (inkl. Unterricht für Einsteiger oder Fortgeschrittene 64 €). Die drei haben rund zehn Jahre lang im Ausland den Surf-Lifestyle kennen und lieben gelernt und ihn schließlich mit zurück in die Heimat gebracht. Ihr 400 PS starkes Motorboot sorgt mit spezieller Technik für eine konstante und somit die perfekte Welle – auf dem Rhein!

Wem da mulmig wird, dem sei versichert: Sicherheit steht bei diesem Abenteuer ganz oben auf dem Zettel. Gesurft wird auf der offiziellen Wasserskistrecke unterhalb der Rodenkirchener Brücke, nur hier ist das erlaubt. Dazu gibt's eine Schwimmweste und während der Skipper das Boot und den Verkehr auf dem Rhein im Blick hat, kümmert sich dein Surf-Coach ausschließlich um dich, während du im Wasser bist. Bei allen wertvollen Tipps: Die Füße aufs Brett und wörtlich genommen den Hintern hoch musst du freilich selbst kriegen. Und das ist gar nicht so leicht. Doch ist das geschafft, kannst du über die Fluten pflügen, soweit dich deine Oberschenkelmuskeln tragen. Stichwort: konstante Welle, das Duracell-Häschen unter den Surfbrettunterlagen. Check zurück am Steg unbedingt, ob gerade einer der »kommunity-abende« läuft: Zum Sound plätschernder Wellen – und gelegentlicher Livemusik – kommt im Beachclub die Kölner Surfgemeinde bei Kölsch und Dom-Blick zusammen. Und plant schon mal den nächsten Surf.

INSIDER-TIPP
Beach-Party mit Dom-Blick

8 **Surft.Kologne • Thebäerstr. 14, 50823 Köln und Rhein-Roxy-Steg am Rodenkirchener Leinpfad, 50996 Köln • surftkologne.de**

Berg- und Talgang
Wandern im Siebengebirge

Über sieben Berge musst du gehen – zumindest wenn du die Gipfel des *Siebengebirges* südöstlich von Bonn erstürmen möchtest. Wie es sich für ein ordentliches Gebirge gehört, gibt es deren hier natürlich noch ein paar mehr, um die 50 sind es wohl, aber du schnürst heute die Wanderschuhe, um von den berühmten »großen Sieben« ins Land zu winken. Den Seven Summits des Siebengebirges sozusagen: Großer Ölberg (461 m), Löwenburg (455 m), Lohrberg (433 m), Nonnenstromberg (336 m), Petersberg (336 m), Wolkenburg (324 m) und natürlich der berühmte Drachenfels (321 m).

Noch ein paar motivierende Superlative gefällig? Du bist hier nicht nur in einem der ältesten Naturparks Deutschlands, sondern auch im größten zusammenhängenden Naturschutzgebiet Nordrhein-Westfalens unterwegs. Dich erwarten Ruinen wie die Löwenburg, die Grandezza der alten Bundesrepublik im Grandhotel auf dem Petersberg und die älteste Zahnradbahn Deutschlands am Drachenfels, aber natürlich auch dichte Wälder, tiefe Schluchten und gluckernde Bäche sowie – na klar, wozu sonst die Kraxelei? – herrliche Aussichten über die Berge, den Rhein und gar bis nach Bonn und Köln. Dafür brauchst du etwas Puste, denn beim Gipfelhopping kommen um die 1000 Höhenmeter und eine Strecke von gut 20 km zusammen. Zu empfehlen ist eine Wanderkarte, denn die Tour ist als solche nicht vollständig markiert. Darben oder nur aus dem Rucksack futtern musst du übrigens nicht: Am Wegesrand warten schöne Einkehrmöglichkeiten wie das verwunschene Milchhäuschen *(milchhaeuschen.de)* oder der luftige Biergarten auf dem Drachenfels.

← Hallooo…! Vom Drachenfels gibt's Weitblick ins Siebengebirge

← Gute Aussichten am Wegesrand: Schloss Drachenburg stammt vom Ende des 19. Jh.

INSIDER-TIPP
Nur nicht verloren-gehen!

9 **Start: variabel, zum Beispiel am Wanderparkplatz »Margarethenhöhe« oder in Königswinter • siebengebirge.com**

Großer Spielplatz
Auspowern im Stuntwerk

→ **Schwing dich durch die Halle!**

Bouldern, Parkour, Ninja Warrior oder lieber Vertikaltuch? Im *Stuntwerk* (Erw. 13 €, erm. 10,50 €, Kinder 8 €, Leihschuhe 4 €) musst du dich zum Glück nicht entscheiden – mit der Tageskarte löst du das Ticket für einen Riesenspielplatz und lässt auf dich zukommen, worauf du Lust hast. Und wenn dir der Sinn danach steht, kannst du sogar noch einen Fitnesskurs oder eine Runde Yoga reinschieben. Im Mülheimer Schanzenviertel lockt die hohe, lichte Halle mit viel Industriecharme und noch mehr Lässigkeit, das Publikum ist eher alternativ und locker, die richtige Atmosphäre, um einfach mal etwas auszuprobieren.

Beim Bouldern kannst du dich an Touren in acht verschiedenen Schwierigkeitsgraden versuchen, und weil alle paar Wochen umgeschraubt wird und neue Boulder entstehen, wird's dir dabei sicher nicht fad. Die Profis üben an der Wettbewerbswand, die mit 4,50 m Höhe noch mal 50 cm über die »normalen« Boulderwände hinausragt.

In der Ninja-Sport-Ecke könnten dir ein paar Gesichter bekannt vorkommen – yep, die Athleten, die in der RTL-Show »Ninja Warrior Germany« auftreten, machen sich hier fit. Schon seit der ersten Staffel finden im Stuntwerk die Castings statt – auf Top-Hindernisse kannst du also zählen. Auch beim Parcours ist Ausprobieren Trumpf. Du kannst ihn komplett in Angriff nehmen oder dich an einer kniffligen Stelle abarbeiten, bis sie sitzt. Wer all das von der Pike auf lernen will, bucht einen Intro-Kurs oder individuelle Trainerstunden. Kinder sind herzlich willkommen und dürfen im Dschungelparadies richtig toben. Ein Café versorgt dich mit leckerem Kaffee (aus der Kölner Manufaktur Heilandt) und Snacks, die du zum Chillen mit auf die große Empore mit Blick auf die Halle nehmen kannst.

INSIDER-TIPP
Tipps vom Pro

10 **Stuntwerk • Schanzenstr. 6–20, 51063 Köln • stuntwerk-koeln.de**

Ballgefühl gefragt
Fußball dreimal anders

Hier muss das Runde ausnahmsweise mal nicht ins Eckige. Was wird aus Fußball ohne großes Spielfeld und aus Poolbillard, wenn du selbst der Queue bist? Poolball! Dafür musst du keine komplizierten Spielregeln studieren, versprochen. Das Ganze funktioniert nämlich eigentlich wie Billard: In der *Poolball-Arena* stehst du auf einem überdimensionierten Billardtisch und spielst die »Kugeln« – in diesem Fall spezielle Fußbälle – mit dem Fuß statt dem Queue. Zehenspitzengefühl ist also gefragt, schließlich darf die weiße Kugel nicht den farbigen ins Loch hinterherplumpsen. Das Ziel: am Ende alle Kugeln im »Tor« zu versenken und die schwarze Acht als krönenden Abschluss hinterherzuschieben. Mit ein wenig mehr Schmackes im Schussbein trittst du beim Fußball-Bowling an. Du ahnst es schon: Statt der Bowlingkugel kommt auch hier ein Fußball zum Einsatz, mit dem du auf einer echten Kegelbahn den aufgestellten Pins an die Balance willst.

← Versenk die Pille, wo auch immer sie hin soll!

Wieder Rasen unter den Füßen hast du beim *Fußballgolf* in Elsdorf westlich von Köln. Ähnlich wie beim Minigolf sehen manche der Stationen zwar harmlos aus, doch der Teufel steckt bekanntlich im Detail und da bleibt ein Ball schon mal im Sand stecken, prallt ungeschickt von der Bande ab oder schafft es mit zu wenig Schwung einfach nicht hügelan. Über neun oder 18 Löcher läuft hier der Ball – und hat schon Profis ins Schwitzen gebracht!

11 **Poolball-Arena • Neusser Str. 222, 50733 Köln • fun-and-sport.de/poolball-arena-koeln**

12 **Fußballgolf • Terra Nova, Ecke Kerpener Str., 50189 Elsdorf • fun-and-sport.de/fussballgolf-berrendorf**

Fahrn, fahrn, fahrn
Auf der Inliner-Autobahn

→ Hindernisse sind nicht ausgeschlossen – auch wenn's meist so richtig läuft

In der Großstadt eine Strecke zu finden, wo man auf Inlineskates nicht alle paar Meter an einer roten Ampel hängenbleibt, über Kopfsteinpflaster stottert oder Slalom um Fußgänger fährt, ist gar nicht so leicht. Wie klingen da: Asphaltstrecke, Sightseeing am Wegesrand und lockere 25 km?

Deine Tour auf der *Inliner-Autobahn* startest du am linken Rheinufer am Schokoladenmuseum – wer lieber radelt, leiht zuvor an der Radstation am Bahnhof *(radstationkoeln.de)* ein Rad. Kaum bist du losgerollt, geht es über die kleine Hafenbrücke an den Fluss und weiter durch den Rheinauhafen. Bald ziehen die imposanten Kranhäuser, das »Siebengebirge« (nicht die Berge, die Speicherstadt) und der Hafenkran »Alter Herkules« an dir vorbei. Die hohe Dichte an Rudervereinen und Ausflugslokalen kündigt Rodenkirchen an. Vorbei an der sogenannten kölschen Riviera geht es ins Naturschutzgebiet Weißer Bogen, wo du völlig ins Grün abtauchst. Nun ist bald das Krokodil erreicht – die so benannte Fähre spuckt dich an der rechten Rheinseite an der hübschen Zündorfer Groov wieder aus, wo du dir unbedingt eine idyllische Rast mit einem Eis gönnen solltest. Auf der »Schäl Sick« arbeitest du dich wieder gen Norden an viel Grün, Anglern auf Rheinbuhnen bis zu den Poller Wiesen weiter, wo meistens eine Sambatruppe trommelt. Zurück auf die linke Rheinseite geht es über die Südbrücke, die noch mal einen hübschen Blick auf Väterchen Rhein und bis zum Dom bietet, dann in die Altstadt. Noch nicht genug? Auch am Fühlinger See und im Stadtwald gibt es schöne asphaltierte Strecken, auf denen du mit allem, was rollt, ordentlich Fahrt machst.

13 Inliner-Autobahn • Tour-Start: Schokoladenmuseum

In schwindelnder Höhe Klettern am Getreidespeicher

← **Raufkraxeln? Runterlaufen? Freier Fall? Du hast die Wahl**

Bloß nicht runtergucken! Auf 50 m Höhe hast du vom *Kletterturm Brühl* ein herrliches Panorama vor dir, bis zum Kölner Dom reicht der Blick, die Züge auf den Gleisen nebenan sehen aus wie Spielzeug. Nur bist du nicht wegen der Aussicht hier, sondern um dich in die Tiefe zu stürzen. Natürlich gesichert am Seil! Knapp 30 m fliegst du beim Skyfall (ab 16 Jahre, 55 €) im freien Fall, ehe du sanft abgebremst wirst – da darf einem schon mal kurz das Herz in die Hose rutschen. Das Team beruhigt: Die meisten, die hier oben stehen, bereuen erst ihren vermeintlichen Wahnwitz, springen dann doch und sind – vollgepumpt mit Adrenalin – happy bis in die Haarspitzen.

Hochkraxeln geht am höchsten urbanen Klettersteig Europas natürlich auch. Drei verschiedene Parcours hat man hier an die Außenwand geschraubt: die Einsteigerversion über 20 m, über 50 m bis ganz oben oder der Extreme-Parcours (ab 6 Jahre, Extreme-Parcours ab 18 Jahre, 24 €, erm. 19 €). Sollte weder Hochklettern noch Runterspringen dein Fall sein: Wie wäre es mit Runterlaufen? Beim Houserunning (ab 12 Jahre, 55 €) spazierst du im 90-Grad-Winkel an der Hauswand gen Boden. Als besondere Challenge lockt einmal im Monat Klettern und Houserunning bei Nacht, wer mag kann in an der Außenwand aufgehängten Zelten übernachten und morgens die Sonne über dem Siebengebirge aufgehen sehen.

INSIDER-TIPP
Climbers in the night

Der einstige Getreidespeicher bietet aber nicht nur Adrenalin: Du kannst auch Führungen durchs von 1957 stammende Industrierelikt buchen, in das Kunst und ein Mopedmuseum eingezogen sind. Hier werden auch Fans historischer Maschinen (Kreidler) und Schrauber glücklich, die eine alte Werkstatt bestaunen können.

14 **HB Kletterwelten • Kurfürstenstr. 58–60, 50321 Brühl • kletterturm-bruehl.de und das-projekt.nrw**

DANCE

Haltung bewahren!
Ballett unter freiem Himmel

Wer auch nur ein wenig über Ballett weiß, dem ist klar: Was so federleicht und elegant aussieht, geht richtig schön in die Knochen und an die Kondition. Gut, dass Ulrike Tomalla bei *Ballett im Park* (15 €) allen erst mal das erforderliche »Rocky-Gefühl« vermittelt: Du schaffst das! Denn nachdem man die ersten Schrittkombinationen die lange Treppe am Jahndenkmal hinabgetanzt ist – ja, ab und an ruhig mal auf die eigenen Füße gucken, damit du da nicht runterpurzelst – joggt man selbige wieder hinauf und hat oben unwillkürlich den Impuls, die Arme emporzureißen, als sei dies die »Rocky-Treppe« in Philadelphia. Nur zu, aber bitte im korrekten Port de bras! Beim anschließenden Jane-Fonda-Gedächtnis-Warm-up zur passenden Mucke steigt die Herzfrequenz schon ordentlich, ehe du dich dann an Pliés, Attitudes und Co. versuchst.

Deine Französischkenntnisse hören bei Baguette und Croissant auf? Keine Sorge, hier kommen auch Ballettneulinge mit: Ulrike erklärt die Schrittfolgen und richtigen Armbewegungen, tanzt mit und hat auch immer ein Auge auf ihre Schützlinge. Und weil das Ganze nun mal Ballett und Workout in einem ist, wird zwischendurch schon mal eine ordentliche Runde Sprünge eingelegt, die schön in die Oberschenkel gehen. Bekommt man dann für die Barre-Übungen das Bein noch auf die »Stange« – wofür sich freundlicherweise das Geländer am Rand der Jahnwiese zur Verfügung stellt – ist man endgültig so weit, seinen inneren Rudolf Nurejew zu channeln.

← Anmutig im Grünen: Ulrike Tomalla zeigt bei »Ballett im Park«, wie's geht

15 **Ballett im Park • Mo 19 Uhr (Frühjahr bis Herbst) am Jahndenkmal, Jahnwiese an der Junkersdorfer Str., 50933 Köln • hellodance.de**

Multifunktions-spielwiese
Das :metabolon

← **360 Stufen! Aber die Mühe lohnt!**

Zum Vergnügen auf die Mülldeponie? Was erst mal abwegig klingt, macht das Entsorgungszentrum Leppe in Lindlar seit 2010 als *:metabolon* zum Teil seiner Mission. Einerseits geht es im Innovationszentrum um Forschung – so will man hier herausfinden, wie man Abfall unter dem Motto »Stoffwandlung« (Metabolismus) wieder zu Ressourcen machen kann, und als »gläserne Deponie« Wissen vermitteln. Andererseits sollte bei der Neugestaltung des Areals auch der Freizeitspaß nicht zu kurz kommen. Um dir einen Überblick zu verschaffen, steigst du erstmal über 360 Stufen auf die Spitze des aufgeschütteten Kegelbergs. Oben kannst du dich in die bereitgestellten Liegestühle sinken und den Blick weit übers Bergische Land schweifen lassen. Manch einer hüpft von hier mit dem Gleitschirm herunter, hast du den nicht dabei, nimm doch einfach die Rutsche: Mit 110 m wartet hier nämlich Deutschlands längste Doppelrutsche (nur am Wochenende und bei trockenem Wetter!). Wer eher auf Bodenwellen und Steilkurven steht, bringt ein Mountainbike oder BMX-Rad mit, um auf dem asphaltierten Pumptrack seine Runden zu drehen. Das Besondere daran: Durch die wellenartige Struktur der zwei Meter breiten Bahn kommst du mit etwas Übung richtig in Fahrt, ohne in die Pedale treten zu müssen.

INSIDER-TIPP
Gemeinsam abwärts

Falls du das auch mit dem Scooter, Inlineskates oder Rollschuhen ausprobieren willst, sei dir der mobile *Pumptrack am Rheinenergie-Stadion* in Köln ans Herz gelegt. Sogar mit dem Rollstuhl darf man hier drauf. So geht Inklusion!

16 **:metabolon • Am Berkebach, 51789 Lindlar • bavweb.de/-metabolon**

17 **Pumptrack am Stadion • Aachener Str. 1003, 50933 Köln**

Gestresst? Dann tief durchatmen, Ommm, die entspanntesten Auszeiten liegen gleich hier um die Ecke. Spazieren im Grünen, Kühe streicheln, Yoga auf dem See. Hier findest du ganz schnell wieder zur eigenen Mitte.

Die ruhigen Ecken

Entspannen von minimalistisch bis luxuriös

Im Bademantel aufs Dach Wellness mit Stadtblick

INSIDER-TIPP
Entspannter Geldbeutel

Schwitzen wie die Finnen in der Aufgusssauna, meditieren in der Aqua-Viva-Sauna oder Kräuter schnuppern im Brechelbad. Ein bisschen Blubbern im Whirlpool und noch eine Runde durchs Wasserbecken. Im Obergeschoss des *Agrippabads* kannst du dir zu sehr verträglichen Preisen gepflegt eine gute Auswahl an Annehmlichkeiten in der Saunalandschaft gefallen lassen. Darf es nach so viel Entspannung eine kleine Kreislaufbeschleunigung an der frischen Luft sein? Dann ab aufs Dach, wo dich eine prächtige Aussicht übers Häusermeer der Kölner Innenstadt erwartet – ach, guck, da drüben sieht man ja sogar den Dom. Durchs Panoramafenster im Ruheraum oder auf gemütlichen Liegen unter freiem Himmel kannst du hier statt Schäfchen ein paar Kirchturmspitzen zählen und mitten in der Stadt den lieben Gott in aller Ruhe einen guten Mann sein lassen (4 Std. 24 €).

→ **Auf dem Dach der Agrippabad-Sauna den Blick schweifen lassen und runterkommen – Erholung pur**

→ **Eine Atempause findest du auch im asiatischen Wellnessbereich des Neptunbads**

Richtig Abstand von der Großstadthektik verspricht auch das Saunaprogramm im *Neptunbad* in Ehrenfeld. Aus dem Hier und Jetzt entführt der 1912 erstmals als Städtische Badeanstalt eröffnete Bau mit historischem Charme in die vorletzte Jahrhundertwende-Zeit. In der Sauna löst du dann ein Ticket (4 Std. ab 27,50 €) in die Sinneswelt Asiens. Japan gibt in der Maiban-, Asa-hi- und Kräutersauna den Schwitzperlenton an, ehe du in verschiedenen Onsen-Bädern Schrumpelhaut ansetzen kannst. Stress und Verspannungen sind spätestens im Zen-Garten auf der Dachterrasse vergessen. Arigatou!

1 **Agrippabad-Sauna • Kämmergasse 1, 50676 Köln • koelnbaeder.de/sauna/agrippabad/info**

2 **Neptunbad • Neptunplatz 1, 50823 Köln • neptunbad.de**

Moderne Kontemplation Abschalten im Kolumba-Museum

Das Wort Ruheoase könnte hier erfunden worden sein. Mitten in der Innenstadt tritt man durch die Tür des *Kolumba-Museums* und lässt die wuselige Hektik förmlich an der Schwelle stehen. Das Kunstmuseum des Erzbistums Köln (8 €) ist eines der ältesten Museen der Stadt und befindet sich zudem auf geschichtsträchtigem Boden. Zwar stammt der spektakuläre Peter-Zumthor-Neubau mit den hohen Decken, langen Treppenfluchten und bodentiefen Fenstern von 2007, doch er steht nicht einfach nur an der Stelle der kriegszerstörten Kirche St. Kolumba: Alter und neuer Bau fließen ineinander, auch die von Gottfried Böhm 1949 geschaffene Kapelle »Madonna in den Trümmern« ist integriert. An ihren farbigen Fenstern vorbei führen im Erdgeschoss des Museums Stege über die archäologischen Ausgrabungen (deren Funde bis in die Römerzeit zurückreichen) auf ehemaligem Kirchengrund. Ein Gang durch die Jahrhunderte, dem der gedämpfte Lichteinfall noch mehr Atmosphäre verleiht.

Die weiten und hohen Räume des erzbischöflichen Museums sind nicht etwa reine Kirchen-Schatzkammer, sondern beherbergen vor allem moderne Kunst. Ein »Museum der Nachdenklichkeit«, das genau dafür Raum gibt – im Wortsinn: Das Lesezimmer sollte man für eine kontemplative Pause nicht verpassen. Man versinkt im Ledersessel, blättert durch die Museumsbroschüre, schaut auf die durchs Fenster hineinlugende Stadt oder schließt kurz die Augen. Nimmt sich eines der Kunst- oder Kinderbücher aus dem Regal oder hängt einfach dem gerade Gesehenen nach. Sogar die Tür darf man mal hinter sich schließen. Egal, was man hier tut: Man kommt für einen Moment tatsächlich ganz zu sich.

← Ein stiller Rückzugsort für dich: das Lesezimmer im Kolumba-Museum

3 Kolumba • Kolumbastr. 4, 50677 Köln • kolumba.de

Entspanne in Frieden
Kölner Parkfriedhöfe

→ **Auf dem Nordfriedhof findest du wohltuende Stille**

→ **Überhaupt nicht gruselig: der Deutzer Friedhof**

Friedhöfe sind zum Heulen? Nicht für die Stadt Köln. Natürlich bieten die 55 Friedhöfe in ihrer Obhut den nötigen Raum, um Verstorbenen zu gedenken. Aber auch die Bedürfnisse der Lebenden sollen ihren Platz haben – 2019 fand man per Bürgerbefragung heraus, dass die Friedhöfe als Erholungsraum, Begegnungsort und Naturoase hoch im Kurs stehen. Seither stellt man nicht nur mehr Bänke auf, sondern pflanzt insektenfreundliche Beete (Melaten) sowie Wildobsthaine (Kalk) und ließ sogar eine Gartenschläfer-Familie in Nistkästen auf dem Westfriedhof einziehen. Vor allem auf den Parkfriedhöfen scheint das Großstadtgewusel weit weg.

Angenehme Ruhe empfängt dich auf dem *Nordfriedhof* in Nippes. Während der südliche Teil mit stattlichen Monumenten ein wenig an den großen Bruder Melaten erinnert, wird es im Nordteil noch grüner und weitläufig – statt allgegenwärtigem Autobrummen hörst du beim Spazieren Spechte pochen, den Wind rauschen und Bienen summen, deren Stöcke der NABU betreut.

Auch auf dem *Deutzer Kommunalfriedhof* lässt es sich herrlich abschalten: Auf dem äußeren Weg im nordwestlichen Teil kommt man sich unter hohen Bäumen fast wie auf einer Wanderung vor und freut sich über die vielen Eichhörnchen, die hier rumhopsen.

Apropos Bäume: Mit dem *Ostfriedhof* gibt es einen echten Waldfriedhof, der seinem Namen mehr als gerecht wird. Besonders der Friedwald bringt dich garantiert runter. Auf dem Gelände fanden schon im 7. Jh. v. Chr. Menschen ihre letzte Ruhestätte, wie eisenzeitliche Grabhügel bezeugen. Nähere Infos gibt's unter *stadt-koeln.de/leben-in-koeln/freizeit-natur-sport/friedhoefe*.

4 **Nordfriedhof • Pallenbergstr., 50737 Köln**

5 **Deutzer Kommunalfriedhof • Rolshover Kirchweg, 51105 Köln**

6 **Ostfriedhof • Dellbrücker Mauspfad, 51069 Köln**

Nipponfeeling unterm Bayer-Turm

Japanischer Garten

Ein Industriegelände stellt man sich gemeinhin anders vor. Und doch, es stimmt: Der *Japanische Garten* gehört zum Chempark, dem früheren Bayerwerk, und so grüßt nebenan auch noch der Schriftzug »Bayer« von einem ziegelroten Schlot. Das war es dann aber mit der Industrie und Geschäftigkeit, denn die verschlungenen Wege, Teiche mit Koi-Karpfen und Schildkröten, Springbrunnen, das Teehaus mit Pagodendach und die Steinlaternen entlang der Pfade sind einfach zu hübsch, um sich hier nicht ein Eckchen zu suchen und die bunte Oase erst mal auf sich wirken zu lassen. Wie es sich für einen Japanischen Garten gehört, legen sich vor allem die Zierkirschen zur Blüte im Frühjahr ins Zeug – die man hier wesentlich entspannter genießen kann als beim bekannten Kirschblütenfest in Bonn. Neben weiteren Japanern wie Goldahorn darf hier auch allerlei Gewächs aus anderen Ecken Asiens und der Erde blühen – Kamelien, Magnolien, Fuchsien, Begonien, Ginko, Mandel- und Tulpenbäume … Hauptsache hübsch! Das dachte sich Carl Duisberg, der Bayer-Generaldirektor, auf den die Gründung des Gartens 1912 zurückgeht, wohl auch beim Teehaus, das von außen chinesische Anleihen hat, innen jedoch Japan verpflichtet ist. Leider serviert man hier weder Tee noch Sushi. Als krönenden Abschluss dieses kleinen Japanausflugs sollte man daher für Letzteres – nein, nicht nach Düsseldorf – zurück nach Köln ins Belgische Viertel zu *ITO* fahren, wo der japanische Spitzenkoch Kengo Nishimi, der bereits in mehreren Sterneküchen tätig war, die Sushi-Messer schwingt.

← Vor Kirschblüten-Kulisse streckt sich im Japanischen Garten ein Torelement empor

INSIDER-TIPP
Sushi-Künstler

7 **Japanischer Garten • Kaiser-Wilhelm-Allee, 51373 Leverkusen**

8 **ITO • Antwerpener Str. 15, 50672 Köln • ito-restaurant.de**

Um die Welt
Spazieren im Forstbotanischen Garten

→ **Wer ist der Schönste im ganzen Land? Was für eine Frage!**

→ **Sattsehen kannst du dich an allerlei hübschen Blüten**

Nein, hier ist nicht der Botanische Garten im Norden Kölns gemeint – auch wenn der ebenfalls eine Augenweide ist. Gemeinsam hat er mit dem knapp 100 Jahre später in Rodenkirchen angelegten *Forstbotanischen Garten* aber, dass auch dort ein Paradies aus Pflanzen und Bäumen aus aller Welt entstand. Mit knapp 25 ha gut doppelt so groß kannst du hier z. B. die Rhododendron-Schlucht durchwandern, an Kalifornischen Mammutbäumen emporstaunen, wie ein Schmetterling über die Pfingstrosenwiese hüpfen und an Flieder, Magnolien und anderen Blüten schnuppern. Die gefallen auch den dicken, puscheligen Bienen, die hier auf Nektarjagd sind.

Lohnenswert zu jeder Jahreszeit, erwartet dich aber insbesondere im Frühjahr eine wahre Blütenpracht. Am besten lässt du dich einfach treiben und vom herrlichen Duft der blühenden Pflanzen und Bäume und den beinahe überall vernehmbaren Pfauenrufen leiten. Anzutreffen sind die hübschen Rad-Künstler am Wetterpilz nahe der – wer hätte es gedacht? – Pfauenwiese und auch wenn du keine Ähnlichkeit zu einer Pfauendame hast, lassen sich die Herren meist nicht lange bitten, ihre Farben zu präsentieren. Wenn dich der Wissenshunger ob dieses schönen Fleckchens packt, seien dir die regelmäßigen Führungen empfohlen. Außerhalb der Anlage lohnt der Spaziergang durch den *Friedenswald*, der seinen Namen dem Umstand verdankt, dass hier in den 1980er-Jahren Bäume stellvertretend für jedes Land gepflanzt wurden, zu dem die BRD damals diplomatische Beziehungen hatte. So darf z. B. auch nach dem Ende der DDR noch ihre Winterlinde blühen.

INSIDER-TIPP
Profi-Wissen für dich

9 **Forstbotanischer Garten und Friedenswald • Schillingsrotter Str. 100, 50996 Köln • stadt-koeln.de/artikel/05258/index.html**

Gipfelsturm
Auf die Glessener Höhe wandern

→ »Sie haben ihr Ziel erreicht«: das Gipfelkreuz auf der Glessener Höhe

→ Gipfelersteigung leicht gemacht – einfach dem Schild folgen

Ja gut, es sind nur 205,80 m über Null, aber wo ein Gipfelkreuz und gar ein Gipfelbuch vorhanden sind, darf man sich getrost als Gipfelstürmer fühlen. Und wie es sich für einen Gipfel gehört, erwartet dich oben auf der *Glessener Höhe* nicht nur Ruhe, sondern auch eine formidable Aussicht. Nimm also Platz auf der freundlicherweise bereitgestellten Bank und genieße das Köln-Panorama in der Ferne. Immerhin sitzt du hier auf der höchsten Erhebung im Rhein-Erft-Kreis, die es freilich nur so weit bzw. hoch brachte, weil man seit den 1950er-Jahren den Abraum des nahen Rheinischen Braunkohlereviers aufschüttete. Inzwischen sind jede Menge Gras, Sträucher und sogar Bäume drüber gewachsen.

Doch zurück zum Panorama! Es lohnt sich, an einem klaren, sonnigen Tag herzukommen, denn über die Baumspitzen hinweg erkennt man den Dom, den Colonius, den Kölnturm und weitere Stars der Kölner Silhouette. Auch der Düsseldorfer Fernsehturm gibt sich ein Stück weiter weg die Ehre, und sogar bis nach Bonn und ins Siebengebirge reicht der Blick. Da hüpft einem das Herz, nicht nur, weil man vorhin die sogenannte »Himmelsleiter«-Treppe steil bergan gekeucht ist.

INSIDER-TIPP
Waldbaden um die Ecke

Wer es gemächlicher angehen lassen will: Keine Sorge, es führen mehrere Wege zum Ziel. So kann man auch in einer lockeren Runde ab Glessen erst über Feldwege gehen, dann in sanften Kehren den Berg ersteigen. Überhaupt ist dies eine wunderbare Gelegenheit, einen Abstecher ins unmittelbar nebenan gelegene Naturschutzgebiet Königsdorfer Forst zu machen – nicht zu verwechseln mit dem im Linksrheinischen gelegenen Königsforst. Hier wächst einer der letzten naturnahen alten Wälder der vom Braunkohleabbau stark veränderten Region. Auf ausgezeichnet erschlossenen Wanderwegen lässt er sich erkunden.

10 **Glessener Höhe • 50129 Bergheim • 50.95363, 6.73145**

It's so fluffy!
Kühe kuscheln im Bergischen

Darf es was fürs Herz sein? Bitte hier entlang! Raus aus dem Großstadtdschungel geht es auf die Ruheinsel: Auf engen Straßen kurvst du über Berg und Tal, vorbei an sattgrünen Wiesen und gurgelnden Bächen mitten ins Oberbergische Land. Ein laut schnatterndes Gänse-Trio begrüßt dich schließlich auf dem Neuenhähnener Hof, der, zwischen Landschaftsschutzgebiet und Wald eingebettet, den Idylleregler ordentlich aufdreht. Und dann wird es auch noch tierisch niedlich: Schafe, Ziegen, Hühner, Katzen, Alpakas, Pferde und eine kleine Kuhherde leben hier.

← Einmal streicheln, bitte! Herdenchef Nico freut sich über Kuscheleinheiten

Seit etwas mehr als zehn Jahren bietet Familie Eschmann-Rosenthal den niederländischen »Koeknuffelen«-Trend an: mit Kühen kuscheln. Gestresste Manager, hibbelige Kids oder einfach nur Naturfans werden beim *Sissy Kuhkuscheln* auf der Weide zwischen Nico, Valentino, Bambi, Ida, Lotta, Isabelle, Hope und Annabelle glücklich. Die Ochsen und Kühe übrigens auch, wie Melanie Eschmann-Rosenthal versichert: »Kühe sind soziale Wesen, sie mögen es, wenn man sie streichelt. Manche Rassen sind so menschenbezogen, dass sie fast so anhänglich wie Hunde sein können.«

Während man dem imposanten Herdenchef Nico das weiche Fell krault oder an Idas Bauch gelehnt entspannt dem Gluckern im Inneren lauscht, lernt man außerdem noch was dazu: Das Kuschelteam vermittelt interessierten Gästen gern sein Wissen über die Lebensweise von Kühen und dass sie so viel mehr als Nutztiere sind. Wer Lust auf Auslauf hat, kann mit den Kühen im Schlepptau einen kleinen Spaziergang durch die Natur machen.

INSIDER-TIPP
Unterwegs mit Kuh

11 Sissy Kuhkuscheln • genaue Adresse bei Buchung • sissykuhkuscheln.de • Kuscheln ab 20 €

Mondlandung Weitblick am Tagebau

→ **Auf dem Skywalk Jackerath bekommst du von Nahem einen Eindruck vom Tagebau**

→ **Nimm Platz beim Aussichtspunkt :terra nova**

Es ist schon ein irrer Anblick: Einen Eindruck davon, was es für eine Landschaft bedeutet, ehe aus Braunkohle Strom wird, verschaffen die Aussichtsterrassen der RWE-Tagebaue im Rheinischen Revier – dem größten Braunkohlerevier Europas – kaum 45 Autominuten nordwestlich von Köln. Kilometerweit schweift der Blick über endlos scheinende Terrassen aufgerissener Erde in den unterschiedlichsten Braun-, Sand- und Rottönen. Dazwischen ragen riesige Bagger auf, lange Förderbänder laufen übers Gelände. Der *Skywalk Jackerath* am Tagebau Garzweiler führt 14 m über die Abbruchkante hinaus und bietet Weitblick sowohl auf den Tagebau als auch auf Kraftwerktürme am Horizont.

Wer sich da kurz setzen muss, hat einige Kilometer weiter südlich am Aussichtspunkt *:terra nova* am Tagebau Hambach in fest installierten Liegestühlen Gelegenheit dazu. Am Parkplatz führt ein Teil eines Baggerschaufelrads deren enormen Ausmaße vor Augen. Bevor man zum Lookout *Düren-Merken* am Tagebau Inden weiterfährt, verdeutlicht ein Stopp in Manheim, was es heißt, wenn ein Dorf dem Braunkohleabbau weichen muss. Die meisten Häuser sind bereits abgerissen, verbleibende mit Brettern vernagelt wie auch die wie ein Mahnmal wirkende Kirche, kugelige Straßenlaternen markieren einstige Straßenzüge. Immerhin bemüht sich die RWE aber auch um die Rekultivierung früherer Tagebaugebiete: Rund um die Sophienhöhe feiert die Natur ihr Comeback. Kilometerlang kann man hier durch neu angepflanzte Wälder wandern *(tourismus.kreis-dueren.de/wandern/sophienhoehe)*.

12 **Skywalk Jackerath • Abfahrt 16 Jackerath, A61 • E 6.462849, N 51.045424**

13 **:terra nova • Abfahrt 7b Elsdorf, A4, Beschilderung folgen • E 6.592380, N 50.915033**

14 **Düren-Merken • Abfahrt 5d Langerwehe, A4 • E 6.414404, N 50.849219**

Das Gute liegt so nah
Chillen am Kölner Strand

Urlaubsreif? Es gibt in Köln keinen Ort, an dem man dem Urlaubs-Jeföhl im Sommer näherkommt – und das auch noch klimafreundlich – als an diesem langen Uferstreifen im Süden der Stadt, den die älteren Semester feudal »kölsche Riviera«, die jüngeren lässig »Rodenkirchen Beach« nennen. Wohlverdient – hier an der *Uferstraße* streckst du die Zehen in weichem, hellem Sand aus, und wenn die großen Schiffe gemächlich vorbeituckern und ihre Wellen werfen, nimmt selbst der Rhein ziemlich gekonnt eine gewisse Meer-Ähnlichkeit an. Aber auch Jetskifahrer oder Motorbootausflügler, die wahlweise über den Fluss rasen oder am Ufer dümpeln zum Sehen und Gesehenwerden, machen eine schicke Kulisse. Apropos Flair: Einfach mal nach links auf die Kölner Skyline schauen im rosarot gefärbten Abendhimmel. Rosé-Flasche im Kühler nicht vergessen, ein bis drei Freunde im Schlepptau. Hallöchen, Auszeit.

← Feiner Sand, blaues Wasser – Urlaubsfeeling am Rhein!

Wer es lebhaft mag, sucht sich einen der Strandabschnitte, an denen Halbstarke Ballschlachten schlagen oder an ganzen heißen Tagen – Vorsicht, der Rhein ist aufgrund seiner Strömungen gefährlich, bitte nicht nachmachen! – bis zur Hüfte im Wasser stehen. Doch lieber Ruhe? Dann einfach den Schmöker einpacken und ein Plätzchen unter den schönen Baumriesen oder in einer der kleinen Buchten suchen, für die man sich durch die Büsche schlagen – und bei schönem Wetter früh da sein – muss. Wer mit der Linie 16 anreist, kann noch den historischen Ortskern von Rodenkirchen mitnehmen, das »Kapellchen« Alt-Sankt Maternus direkt am Rhein stammt aus dem 10. Jh. Soll noch mal jemand sagen, Sonnenanbeter wären Kulturbanausen.

INSIDER-TIPP
Richtig gut gehalten

15 **Uferstraße, 50966 Köln**

Landfrische mit Bio-Frühstück
Auf Schloss Türnich

→ **Was für herrliche Düfte im Garten aufsteigen …**

→ **Hereinspaziert ins Schloss Türnich!**

INSIDER-TIPP
Fundierte VIP-Einblicke

Der Weg zu einem fantastischen Sonntagsfrühstück führt durch eine Allee mit 111 majestätisch hohen Linden aus dem 19. Jh., die ihren Namen »Linden-Kathedrale« verdient. Im Wassergraben schwimmen Nutrias und Enten unaufgeregt durch ihr Reich. Das *Schloss Türnich*, eine knappe halbe Autostunde von Köln entfernt, empfiehlt sich als einziges noch vollständig erhaltenes Barockschloss im Rheinland und ist schon deshalb einen Ausflug wert. Dass das Mitte des 18. Jhs. als »maison de plaisance« entstandene Herrenhaus wegen des nahen Braunkohletagebaus und der daraus resultierenden Grundwasserabsenkung von sichtbaren Rissen geplagt ist, tut dem hübschen Anblick keinen Abbruch. Ab und an werden auch Führungen durch Schloss und Kapelle oder Wildkräuterwanderungen angeboten.

Das Essen, das im Café in der Vorburg serviert wird, stammt aus der bio-zertifizierten Küche und verdient das Prädikat hyperlokal: Viele Erzeugnisse der gräflichen Demeter-Landwirtschaft rund um das Schloss werden hier direkt frisch aufgetischt und zum Mitnehmen verkauft. Bei gutem Wetter sitzt man draußen im Hof mit Blick auf den duftenden Heilpflanzengarten und auf die Gemäuer, in denen Schlossherr Godehard Graf von und zu Hoensbroech noch selbst residiert.

Perfekt zum Verdauungs-Lustwandeln ist der 15 ha große Waldpark rund um die Schlossinsel. Sollte sich spontane Heiratslaune einstellen: Das Standesamt Kerpen bietet Ja-Sagern Termine auf der Schlossinsel an, in der Kapelle darf sogar mit kirchlichem Segen geheiratet werden.

16 **Schloss Türnich • Schloss Türnich 1, 50169 Kerpen • schloss-tuernich.de**

Komm mal runter!
In deinem Yoga-Element

↓ **Yoga mal anders – auf dem See plus Sonnenuntergang!**

Jetzt nur nicht die Balance verlieren, sonst wird's nass! Das SUP-Board wackelt verdächtig, während man sich aus dem Herabschauenden Hund – wie ungewöhnlich so ein See auf dem Kopf stehend doch aussieht! – langsam auf die Knie sinken lässt und schließlich in die »Child's Pose« geht. Während man da so sanft auf den Wellen schaukelt, den Wind auf der Haut spürt und das Wasser glucksen hört, denkt man gerade noch, dass es schöner nicht werden kann, und dann richtet man sich auf und schaut geradewegs in den Sonnenuntergang über dem See. Ja, Nina Liz Petig (*Kolibri Yoga)* hat sich für ihre Sunset-SUP-Yoga-Stunde mit dem Straberger See bei Dormagen eine Hammer-Location ausge-

sucht. Jeden Freitagabend kannst du hier mit ihr auf dem Board hinauspaddeln und eine Yogasession mit Meditation im Einklang mit den Elementen genießen. Auch völlige SUP- oder Yoga-Frischlinge fallen dabei nicht ins kalte Wasser, sondern bekommen eine Einweisung und sanfte Anleitung auf dem Wasser. Entspannter kann das Wochenende nicht beginnen, und am Ende gibt's sogar den Insta-Fotobeweis per Gruppenfoto.

Wenn du Seeluft magst, beim Yoga aber lieber festen Boden unter den Füßen hast, probiere doch mal den Salzraum von *Salznah* in Nippes aus. Der ist nämlich aus Himalaya-Salz gebaut, zudem sorgt eine spezielle Technik für optimale Raumtemperatur, Luftfeuchtigkeit und -zirkulation, sodass du im Meerklima bei Hatha-Slow-Flow-, Yin- und Deep Stretch Yoga tief durchatmen kannst. Namaste!

17 **Kolibri Yoga • Wakebeach 257, Straberger See, 41542 Dormagen • kolibri.yoga**

18 **Salznah • Neusser Str. 30–32, 50670 Köln • salznah.de**

Shalom!
Besuch in der Großen Synagoge

→ **Erst einen Einblick in die Synagoge bekommen, dann …**

→ **… einkehren ins Mazal Tov im Erdgeschoss (ein Muss!)**

Sie ist die letzte von einst sieben Synagogen – und auch sie lag nach dem Zweiten Weltkrieg in Trümmern. Die Gotteshäuser der jüdischen Gemeinde Kölns – der ältesten nördlich der Alpen! – waren allesamt der Zerstörungswut der Reichspogromnacht 1938 und den Bomben zum Opfer gefallen. Konrad Adenauer, einst Kölner Oberbürgermeister, war es, der darauf bestand, dass die *Große Synagoge* an der Roonstraße genau so wiederauferstehen sollte, wie sie 1899 erbaut worden war. Den äußerlich neoromanischen Bau, 1959 eingeweiht, kannst du heute bei Führungen (5 €, mit Anmeldung), Lesungen, Konzerten und Gottesdiensten erleben – Letztere stehen allen offen, aber stelle dich darauf ein, dass sie gerne mal drei bis fünf Stunden dauern.

Architekt Helmut Goldschmidt, der Auschwitz und Buchenwald überlebte, hielt Adenauer gegenüber Wort, gestaltete das Innere der Synagoge jedoch neu: So führt heute für alle Besucherinnen und Besucher der Weg zum großen Gebetsraum zunächst durch die Gedenkhalle, die der Erinnerung an die Opfer der Shoah gewidmet ist. Eine Etage höher nimmst du bei Führungen in der Frauenempore Platz und kannst den Blick von der hohen Kuppel der Synagoge über die bunt leuchtenden Rosettenfenster hin zum Thoratisch, dem Thoraschrein und dem Ewigen Licht gleiten lassen. Während du die schlichte Schönheit und Ruhe auf dich wirken lässt, lauschst du Geschichten über die Gemeinde, die Synagoge und den Glauben. Auf keinen Fall verpassen solltest du das »Mazal Tov« (Anmeldung erforderlich) im Erdgeschoss: Die Atmosphäre im einzigen komplett koscheren Restaurant Kölns ist herzlich und gelöst, das Essen unglaublich lecker. Am besten lässt man sich vom sympathischen Chef Dmitri Zaretski etwas empfehlen.

INSIDER-TIPP
Mazel Tov!

19 Synagoge Köln • Roonstr. 50, 50674 Köln • sgk.de

Grüne Nachbarn
Stadtrundgang mit Waldexperten

Wie geht's dir eigentlich? Das könnte man die Kölner Bäume ruhig öfter mal fragen. Sie legen sich als grüne Pausenorte, Luftfilter und Klimaanlage für uns Menschen in der Stadt nämlich ganz schön ins Zeug. Dabei hätten sie es, wie man bei einer der *»Stadtbäume«-Führungen* von »Wohllebens Waldakademie« erfährt (90 Min., 29 €), im Wald eigentlich viel schöner. Das geht schon beim Platz los: Was man über der Erde sieht, ist nur der kleinste Teil, bis zu viermal so weit wie die Baumkrone breiten sich die Wurzeln unter der Erde aus. Sie agieren quasi als Gehirn, und weil Raum in der Stadt knapp ist und die Wurzeln teils beim Transport schon beschnitten werden, haben es Stadtbäume doppelt schwer. Was für einen fantastischen Job sie trotz ihres Standortnachteils erledigen – wenig Wasser, kaum Platz, viel künstliches Licht (ja, auch Bäume wollen schlafen!) und für die Verkehrssicherheit müssen sie dann auch noch Äste lassen –, weiß man nach den anderthalb Stunden Stadtrundgang mit den Waldexpertinnen und -experten schon auf der kurzen Strecke von der Altstadt bis zum Wallrafplatz mehr denn je zu schätzen und möchte am liebsten jeden grünen Kollegen am Wegesrand umarmen.

← Was die Bäume alles leisten, erfährst du bei einer speziellen Führung durch Köln

Wen es nun in den Wald zieht, um mehr über dieses Ökosystem zu erfahren, der ist im *Waldlabor Köln* richtig: Hier erforscht die Stadt den Wald der Zukunft, um u. a. dem Klimawandel zu begegnen. Die Waldflächen sind frei zugänglich, die Bäume beschildert, sodass man individuell auf Entdeckungsreise gehen kann. Es werden aber auch Führungen angeboten.

20 **Stadtbaumführung Köln • Treffpunkt an Groß St. Martin, 50667 Köln • wohllebens-waldakademie.de**

21 **Waldlabor Köln • Bachemer Landstr., 50858 Köln • koeln-waldlabor.de**

Himmelsschau
Sternegucken im Planetarium

→ **Kopf in den Nacken, Blick nach oben: Das Staunen beginnt im Planetarium in Nippes direkt hinter der Eingangstür**

→ **Die Ausstellung richtet sich an kleine ebenso wie an große Entdecker**

Gibt es etwas Beruhigenderes als den Blick zu den Sternen? Die unendlichen Weiten des Alls liegen in Köln hinter der dicken Bunkertür im Keller des Leonardo-da-Vinci-Gymnasiums in Nippes. Vorbei an einem Bildschirm, über den NASA-TV flimmert, steigst du breite Stufen hinab und tauchst ein in eine Welt, die Anfang der 1960er-Jahre von Physikstudenten erschaffen wurde. Alles im verzweigten Gewölbe, von selbst gebauten astronomischen Instrumenten über Schaubilder bis zu den Teleskopmodellen, wurde von ehemaligen Schülern des Gymnasiums gebaut. Inklusive der zwei Sternwarten samt Kuppeln auf dem Dach der Schule, die je ein 40-Zentimeter-Spiegelteleskop sowie weitere Geräte beherbergen.

Bis heute werden die Sternwarte und das einzige *Planetarium in Köln* komplett von Ehrenamtlichen betreut und zweimal die Woche Interessierten gezeigt (Mi und Sa). Der Höhepunkt: Das Planetarium mit dem Zeiss-Projektor, der die Gestirne sowohl der Süd- als auch der Nordhalbkugel an die Decke zaubern kann. Du nimmst Platz in Original-60er-Jahre-Mobiliar, das Licht geht aus, und dann wird es erst pechschwarz, ehe es über deinem Kopf zu leuchten beginnt. Rund eine halbe Stunde dauert der Ausflug zu den Sternen. Derzeit arbeitet man an einem Livestream, der die Bilder bei klarem Wetter direkt von der Sternwarte auf dem Dach in den Keller schickt. Außergewöhnlich sind auch die »Full-Dome«-Filmvorführungen im Planetarium: Mittels Kugelspiegel und Projektor wird das Bild in 360-Grad-Ausdehnung in die Kuppel projiziert. Gezeigt werden Filme von ESA und NASA (Termine s. Website).

INSIDER-TIPP
Filmischer Rundumblick

22 **Planetarium Köln • Blücherstr. 15–17, 50733 Köln • koelner-planetarium.de**

TAURUS
MERCURY

Mein Grüngürtel Rundweg
G1
971

Die Stadt umkreisen

Rundherum im Äußeren Grüngürtel

Grün, grün, grün sind alle deine Farben? Dann kommen hier 63 km ganz nach deinem Geschmack: So weit führt nämlich der *»Mein Grüngürtel Rundweg«*, den die Kölner Grün Stiftung 2015 im Äußeren Grüngürtel angelegt hat, einmal rings um Köln. Nicht zu verwechseln übrigens mit dem Inneren Grüngürtel, der zwar ebenfalls schön grün ist, aber nur einen Halbkreis auf der linken Rheinseite schafft. Entstanden sind beide auf den ehemaligen Festungsringen rund um Köln, die man aber schon unter Adenauer in den 1920er-Jahren beschloss, zum Wohl der Bevölkerung in eine grüne Frischluftoase umzuwandeln. Auf Forts, Gräben und Kanonen folgten Wald- und Grünflächen, Parks und Sportplätze. Und so spaziert, wandert oder radelt es sich 100 Jahre später im Äußeren Grüngürtel auf 800 ha herrlich entspannt und vor allem abwechslungsreich. Wer dem grünen Kreis mit weißem Dom in der Mitte folgt, gelangt z. B. ins Gremberger Wäldchen, eines der ältesten Waldgebiete auf städtischem Boden, wo Buschwindröschen im Schatten jahrhundertealter Bäume blühen. Oder entdeckt Open-Air-Kunst im Stammheimer Schlosspark. Genießt am Wegesrand einen Sprung ins kühle Nass des Naturfreibads am Vingster See *(koelnbaeder.de)*. Gönnt sich einen Aperol Spritz auf der Sonnenterrasse des Club Astoria *(club-astoria.de)* am Adenauerweiher, rudert im Bötchen über den Kalscheurer Weiher oder macht einen Abstecher zur modernen Belvederebrücke in leuchtend orangenem Stahl – ehe man sich wieder ins Grüne schlägt.

← Immer diesem Zeichen nach …

← … dann geht man auch im Gremberger Wäldchen nicht verloren

23 **»Mein Grüngürtel Rundweg« • koelner-gruen.de/mein-gruenguertel-rundweg.aspx • App mit Wegverlauf und Infos zu Einkehrmöglichkeiten, Sport- und Spielplätzen**

Hier ist was los, hier steppt der Bär. Und du: mittendrin. Stürz dich rein ins pralle Leben, in die urigsten Events, die spannendsten Bars, die stimmungsvollsten Konzerte, die angesagtesten Festivals. Man lebt schließlich nur einmal!

Das pralle Leben

In Feierlaune das ganze Jahr

nord stage

Life is live

Open-Air-Konzerte mal laut, mal leise

Okay, Berlin hat die Waldbühne. Aber wenn die Südseite des Kölner Doms wenige Male im Jahr zur Konzertkulisse wird, kann die Waldbühne mit ihren rauschenden Bäumen einpacken. Zumal der Brunnen im Schatten der Kathedrale sich ebenso auf rauschende Atmosphäre versteht, Großstadtsounds von Polizeisirene bis Schiffshupen sorgen für Akzente. Der Superlativ im Namen der Konzertreihe *»Weltstars auf dem Roncalliplatz«* ist ausnahmsweise nicht hemmungslos übertrieben. Eine Joan Baez, die sonst vor Zigtausenden spielt, tritt hier vor deutlich kleinerer Bestuhlung auf. Wer keine der wenigen Konzertkarten ergattert, postiert sich einfach hinter den aufgestellten Bauzäunen. Echte Profis reservieren einen Restauranttisch neben dem Heinzelmännchenbrunnen und schlürfen Aperol Spritz, während sich Chilly Gonzales nur 200 m vor ihnen durchs Zuschauermeer tragen lässt.

Von einer Hammerlocation zur nächsten: Beim *»at the b-sites«-Festival* im Jugendpark wird's nicht minder wild und musikalisch erlesen. Das Publikum bekommt Funkkopfhörer und dann wird aufgedreht. Besonders ist darüber hinaus nicht nur das Social Ticketing und das vegetarische/vegane Streetfood, sondern auch das Rahmenprogramm – wie wäre es mit Lagerfeuer am Rhein oder einer Runde Kölsch-Yoga? Wer mehr davon will, sollte ein Auge auf die Facebookseite haben, denn nur dort werden die Termine für die kostenfreien Geheimkonzerte veröffentlicht, die das ganze Jahr über stattfinden. Dabei bekommen die Gäste am Treffpunkt einen Backpack mit Kopfhörern, Bier und der Info, an welchem versteckten und ungewöhnlichen Ort die Band spielt.

← Beim »at the b-sites«-Festival legten u. a. Giant Rooks los und …

← … ihr Indie-Pop-Sound erklang klar über die Funkkopfhörer

INSIDER-TIPP
Alle mal Psssst!!!

1 **Weltstars auf dem Roncalliplatz • Roncalliplatz, 50667 Köln • noisenow.de**

2 **at the b-sites • Jugendpark, Sachsenbergstr., 51063 Köln • atthebsites.com**

All together now
Sing dich glücklich

→ **Mitsingen Pflicht: Katrin Höpker macht das Publikum zur Band**

→ **Fester Bestandteil im Karnevalsterminkalender: die »Loss mer singe«-Kneipentour**

Der kürzeste Weg, den Karneval in ein noch unjeckes Herz zu schließen, führt übers Singen. Um genau zu sein: über die *»Loss mer singe«-Kneipentour*, das Einsingen in den Karneval. Da steht man irgendwann zwischen November und Februar also plötzlich in Kneipen, die »Lotta« oder »Lapidarium« heißen, und es dauert keine zwei Minuten, bis aus der Schunkelpflicht Kür wird und die Kölschkränze über den Köpfen tanzen. Und dann? Hakt man sich mehrere Stunden lang am besten in einen möglichst gut aussehenden Panda unter und singt mit Inbrunst Lieder, die man noch nie zuvor gehört hat. Das Prinzip: Der Verein »Loss mer singe« wählt vor jeder Session aus Hunderten neuen Lied-Kompositionen die besten 20 aus. Dann werden die Texte in ein Liedheft gedruckt und die Anlage wird angeschmissen. Den Rest übernehmen die Testsänger, inklusive Abstimmung, um die neuen Karnevalshits zu finden. Für die Moderatoren muss das Wort Stimmungskanone unbedingt rehabilitiert werden. Am Ende des Abends ist Textsicherheit für die Kneipen-Session garantiert. Für jecke Anfänger, Fortgeschrittene und Profis ein Muss! Achtung: Die Termine sind ratzfatz ausgebucht.

Bei *»Frau Höpker bittet zum Gesang. Das Mitsingkonzert«* ist die Stimmung anders jeck und alles live. Jut, hier sind auch die Frauen in der Überzahl. Wer niemals gedacht hätte, dass ihm das Volkslied »Hoch auf dem gelben Wagen« mal Gänsehaut bereiten könnte, wird in der Menge eines Besseren belehrt. Alte Gassenhauer hämmert Katrin Höpker auf der Bühne genauso ins Klavier wie aktuelle Charthits. Für Textsicherheit des Publikums sorgen die über Leinwand laufenden Zeilen. Und das Beste: Das funktioniert in allen Jahreszeiten!

3 **»Loss mer singe«-Kneipentour • lossmersinge.de**

4 **»Frau Höpker bittet zum Gesang. Das Mitsingkonzert« • frauhoepker.de**

Raus hier! Open-Air-Filme mit Diplom und Taucherbrille

Sommerkino + spannende Location = perfekte Kombi. Bei den *Internationalen Stummfilmtagen* in Bonn nimmst du nicht nur im Arkadenhof des aufs 18. Jh. zurückgehenden Bonner Kurfürstenschlosses Platz, in dem heute die Uni residiert. Wie der Name des Festivals schon verrät, geht es auch auf der Open-Air-Leinwand zurück in die Zeiten, als die Filmwelt noch schwarz-weiß war. Es gibt ein Wiedersehen mit Kinolegenden wie Charlie Chaplin, zudem werden Raritäten und restaurierte Streifen gezeigt. Dazu greifen wie vor 100 Jahren Musikerinnen und Musiker in die Pianotasten oder Saiten und untermalen die Filme live.

Während in Bonn gerne mal 1500 Leute im Publikum sitzen, geht es beim *Kleinen Sommerkino*, das der Verein Agora auf dem Bahnhofsvorplatz in Mülheim organisiert, geradezu familiär zu. Bei knapp 40 Tickets (à 3 €) pro Vorstellung fühlt man sich eher wie unter Freunden. Klemm dir einen Stuhl oder eine Decke untern Arm, schnapp dir ein Kaltgetränk und du bist dabei. Im Sinne guter Nachbarschaft gibt's fürs Publikum Funkkopfhörer.

Laute Töne gewöhnt ist man hingegen im Terrassenfreibad in Frechen und so passt das *Linden-Theater goes Open air* wunderbar hierher. Zu aktuellen Filmen futterst du auf der großen Liegewiese natürlich Popcorn (6 €).

← Passend: In historischer Kulisse werden im Arkadenhof der Bonner Uni alte Filme gezeigt

← Unter freiem Himmel und mit Funkkopfhörern auf den Ohren – das Kleine Sommerkino in Mülheim

5 Internationale Stummfilmtage • Arkadenhof der Uni Bonn, Regina-Pacis-Weg 3, 53113 Bonn • internationale-stummfilmtage.de

6 Kleines Sommerkino • Bahnhofsvorplatz Mülheim, 51065 Köln • agorakoeln.de

7 Linden-Theater goes Open air • im Terrassenfreibad Frechen, Hans-Schaeven-Weg 1, 50226 Frechen • linden-theater-frechen.de

Internationales Literaturfest
lit.COLOGNE

Ungewöhnliche Leseorte Mit der lit.COLOGNE

Fans zählen jedes Jahr die Sekunden bis zum Ticket-Verkaufsstart der *lit.COLOGNE* herunter, und dann passiert es doch wieder: Einmal kurz geblinzelt, und zack sind die Karten für die ganz großen Namen schon wieder ausverkauft. Freilich kann, wer bei der Jagd auf seine Favoriten leer ausgegangen ist, auf die zumeist in Windeseile nachgereichten Zusatztermine hoffen und sein Glück erneut versuchen. Oder einfach mal einen Blick auf das restliche, ebenso famose Programm riskieren und eine Wildcard zücken – so entdeckt man dann neue Lieblingsautoren und -bücher oder auch: »neue« Orte in der eigenen Stadt. Denn, na klar, bei der lit.COLOGNE wird in den schönsten Theatern und Sälen der Stadt gelesen, diskutiert und inszeniert, aber eben auch an für ein Literaturfestival ungewöhnlichen Orten. Hand aufs Herz: Wer geht – freiwillig und zum Vergnügen – aufs Polizeipräsidium? Wer schaut zur kulturellen Erbauung bei der Bahnhofsmission vorbei? Welche Musical-Hasser sehen je den Musical Dome von innen und ja, das Rheinenergie-Stadion ist für manche Menschen tatsächlich um einiges spannender, wenn dort gelesen statt gekickt wird. In der nunmehr 20-jährigen Geschichte des inzwischen größten Literaturfests Europas kam das alles schon vor, und die Liste ließe sich verlängern. Seit 2011 zieht auch die lit.kid.COLOGNE mit am Strang und führt kleine Leseratten z. B. ins Zentrum für therapeutisches Reiten oder ins Klarissenkloster.

← Köln verwandelt sich im Frühjahr in eine Lesestadt

← Schon Senta Berger gehörte zu den berühmten Gästen des Festivals

8 lit.COLOGNE • verschiedene Veranstaltungsorte • litcologne.de

Schön versacken
Kölner Kultkneipen

→ **Kult in Köln: das Gebäude 9**

→ **Außen und innen bunt: der Sonic Ballroom**

Wer die längste Theke der Welt sucht, muss bekanntlich nach Düsseldorf fahren und kann an dieser Stelle aufhören zu lesen. Wer einen schönen Abend haben will, der wahrscheinlich erst in den frühen Morgenstunden enden wird, fährt z. B. nach Mülheim. Einst im Niemandsland zwischen Messe und Autobahnzubringer gelegen, steht das *Gebäude 9* seit 25 Jahren synonym für eine der besten Livemusik-Locations der Stadt – halb Köln ging auf die Barrikaden, als die Institution Wohnblöcken weichen sollte. Vor, während, nach oder auch ohne Konzert lässt es sich in der unprätentiösen Bar aber auch einfach so herrlich Kettenfett trinken – was das ist, musst du schon selbst rausfinden. Bei hervorragenden Partyreihen kannst du zudem ordentlich den Speck schütteln.

Livemusik, Mittanzgelegenheiten und große Thekenliebe fährt auf der anderen Rheinseite auch der *Sonic Ballroom* auf. Der Laden steht für grundehrlichen Punk und Rock'n'Roll und so sieht er auch aus: mit Graffiti und Stickern übersät, die holzvertäfelte Theke noch aus der Zeit, als dies eine Eckkneipe namens »Jägerhof« war. Mit 20 Jahren auf dem Buckel ist er einer der Veteranen in Ehrenfeld, wo die Clubs zuletzt schneller zu machen, als man »Noch ein Kölsch, bitte!« sagen kann.

INSIDER-TIPP
Lass laufen

Ebenfalls ein wenig rau, aber umso herzlicher geht's im *Durst* zu. Bei der guten Whisky- und Bierauswahl – u. a. Guinness vom Fass – leidet den hier aber sicher niemand. Eine dieser sympathisch abgeschrabbelten und extrem entspannten Kneipen, wie es sie nur noch selten gibt. Dafür könnte man glatt aus Düsseldorf anreisen.

9 **Gebäude 9 • Deutz-Mülheimer-Str. 117, 51063 Köln • gebaeude9.de**

10 **Sonic Ballroom • Oskar-Jäger-Str. 190, 50825 Köln • sonic-ballroom.de**

11 **Durst • Weidengasse 87, 50668 Köln**

BECK'S

NEU
glo
Sonic Ballroom
Biergarten

Eierlegende Wollmilchsau Kreative Feierstimmung im Odonien

→ **Kunst und kalte Getränke im Biergarten – was braucht man mehr für einen Sommerabend?**

Längst ist der selbst ernannte »Freistaat für Kunst und Kultur« vom hinter vorgehaltener Hand weitergeflüsterten Geheimtipp zur festen Partylocation und subkulturellen Größe in Köln avanciert. Seinen unkonventionellen Charme hat sich das *Odonien* durch alternative Events wie das Roboterkunstfestival »Robodonien« und durch das herrlich abgewrackte Industrie-Ambiente zwischen Großbordell und vorbeiratternden Zügen erhalten. Was für manche auf den ersten Blick nach Schrottplatz aussieht, entpuppt sich als kreative Fundgrube der Kunst. Der aus Leverkusen stammende Künstler Odo Rumpf, eigentlich Maschinenbauingenieur, schuf hier ein Freiluftatelier, wo er aus dem, was andere wegschmeißen – vom kleineren Industrieteil bis zum ausgemusterten Cockpit einer Antonov –, bis zu 10 m große Skulpturen und Kunstwerke kreiert. Wer übers Gelände spaziert, entdeckt u. a. Feuer speiende Eisendrachen, zu Sitzmöglichkeiten umgemodelte Güterloren und einen auf die Mauer gesetzten Trabi. Sogar ein (Raum)Schiff gibt es zu sehen: Die aus dem Deutz-Mülheimer Hafen hierher verfrachtete »Circolaris« ist nun Schauplatz von Ausstellungen inklusiver Kunst und Kultur.

Rumpf findet für alles eine (neue) Verwendung und Bedeutung, frische Ideen und soziale Projekte sind hier jederzeit willkommen. Was bei dieser Art Networking so entsteht, kann man im Biergarten gemütlich beim Kaltgetränk auf sich wirken lassen oder bei einem der regelmäßigen Konzerte, bei Kinoabenden, Partyreihen, Festivals und Veranstaltungen hautnah erleben. Ein Abenteuerspielplatz für Jung und Alt – und ein Ort, wie Köln ihn braucht.

12 **Odonien • Hornstr. 85, 50825 Köln • odonien.de**

KURZ
FILM
FESTIVAL KÖLN
UNLIMITED
hdak

Fahrendes Volk

Von Film zu Film radeln

← Kurzfilme gucken in ungewöhnlich – draußen, mitten in der Stadt …

← … und Radeln gehört mit dazu

Beamer: check! Soundanlage: check! Filme: check! Für das Kinoerlebnis der etwas anderen Art schnallt das Team der *Shorts on Wheels* (Eintritt frei) kurzerhand alles aufs Lastenrad, was man für einen gelungenen Filmabend unter freiem Himmel so braucht. Auch das Publikum kommt per Drahtesel zum vereinbarten Treffpunkt angerollt, und dann geht es im geschlossenen Radverbund von Location zu Location quer durch Köln. Schon das ist ein Erlebnis: Mit Hunderten Radlerinnen und Radlern im Pulk über Straßen, Brücken und die eine oder andere rote Ampel – keine Sorge, als geschlossener Verbund ganz im Sinne der STVO, auch wenn das bei manchen Verkehrsteilnehmern durchaus mal Ungeduld provoziert.

Zur Leinwand, über die internationale Kurzfilme flimmern, wird alles umfunktioniert, was sich eignet: weiße Häuserwände, alte Industriehallen, Künstlerhöfe oder Brückenpfosten – die Stadt gibt den Kinosaal. Bei jedem Halt werden Beamer und Soundanlage aufgebaut, während das mitgereiste Publikum es sich auf mitgebrachten Decken gemütlich macht, die Kaltgetränke aus dem Rucksack fischt oder sich noch eben beim Büdchen am Wegesrand versorgt. Dann heißt es: Film ab! Sechs bis sieben Shorts erlebt man so an einem Abend – auf Deutsch oder im Original mit Untertiteln. Ist der letzte Abspann über die Leinwand gelaufen, klingen laue Sommernächte bei Bierchen und Musik aus.

13 **Shorts on Wheels im Rahmen des Kurzfilmfestival Köln und der Kölner Kino Nächte • jeweils im Sommer und im Herbst • kffk.de/shorts-on-wheels • Eintritt frei**

Absolutely fabulous
British Flair Festival

→ **Die britische Lebensart einatmen – das geht beim British Flair Festival**

Downton-Abbey-Fans aufgepasst, es wird vornehm. Denn natürlich residiert das *British Flair Festival* stilecht auf einem Schloss. Man gönnt sich ja sonst nichts. Rund um das von einem Wassergraben umgebene Schloss Merode in der nördlichen Rureifel regiert an drei Tagen im September der British Way of Life. Am besten nimmst du die Bahn, denn wo Briten sind, ist ein guter Drink nie weit, und so empfehlen sich diverse Klassiker wie Pimm's, Biere von der Insel oder auch härtere Kaliber wie Single Malt Whiskys. Ist dann mit Fish'n'Chips auch der Hunger gestillt, kann man sich entspannt der Kultur widmen. Die Bühne bringen in regelmäßigen Abständen Dudelsack-Kapellen zum Wackeln, Greifvögel ziehen bei den Falknershows ihre Runden um die Schlosstürme, und wer's sportlich mag, kann bei den Highland Games Kerlen und Damen, stark wie Baumstämme, beim Werfen selbiger zugucken. Outlander-Feeling versprüht das Highlander-Zeltlager, das ins Schottland des 18. Jh. entführt; weniger romantisch, dafür typisch englisch-schräg kommt der Gummistiefel-Weitwurf daher.

INSIDER-TIPP
Die Taschen voll machen

Last but not least: Es lässt sich unter freiem Himmel herrlich shoppen! Während der Cheddar vom Käsestand und die Fudge-Auswahl noch prima in die Handtasche passen, sich der neu erworbene Hut – Ascot, here we come! – leicht von dannen tragen lässt, wird es bei den schweren Möbeln im englischen Landhausstil schon schwieriger. Da rächt es sich dann wieder, sollte man mit den Öffis angereist sein. Leider nicht zum Mitnehmen sind die glänzenden Wagen der Oldtimer-Show, die so wundervoll ins Ambiente passen, dass man dann doch wieder an Downton Abbey denken muss. Oh dear, what a lovely day!

14 British Flair Festival • 52379 Langerwehe-Merode • September • britishflair.de, schlossmerode.de

mmen beim
VEL SLAM

Destination-Hopping
Mitreisen beim Travelslam

»In einer guten Stunde um die Welt«: Unter diesem Motto kannst du dich beim *Travelslam* drei Vorträge lang vom Reisefieber anstecken lassen (10 €). Ob mit dem Fahrrad rund um den Erdball, im Kriechgang durch unterirdische Lavatubes auf der Vulkaninsel El Hierro, per Expeditionsschiff nach Grönland oder zu Fuß durch den südamerikanischen Regenwald – hier gibt es spannende, ungewöhnliche und oft lustige Geschichten vom Reisen auf die Ohren und zwar aus erster Hand.

Wie motiviert man sich, wenn man als Radreisende auf Island den ganzen Tag Gegenwind hat? (Spoiler: mit der Aussicht, nach der Übernachtung auf dem Campingplatz am frühen Morgen den Top-Spot mit Geysir beinahe touristenfrei zu erleben.) Geht das, quer durch Marokko allein als Frau? Und was bitte sind Blutegelsocken? Die Vortragenden haben jeweils 15 Minuten Zeit, das Publikum mit ihren Fotos und Erzählungen für sich zu begeistern, um am Ende das begehrte »Goldene Travel-Zepter« mit nach Hause zu nehmen. Doch ums Gewinnen geht's hier eigentlich nicht – auch wenn der Siegerin oder dem Sieger ein kleiner Preis und dem abstimmenden Publikum am Ende fünf weitere Erzählminuten ihres Lieblings winken. Moderator Alexander Königsmann führt nicht nur fluffig durch den Abend, sondern kitzelt auch jede Menge Infos über die Reisenden selbst sowie Tipps aus ihnen heraus. Und natürlich wird auch das Publikum seine Fragen los. Anderthalb Stunden Fernweh, nach denen du garantiert mit breitem Grinsen wieder in Köln ankommst. Und vermutlich einer neuen Reiseidee im Kopf.

← Nicht nur hören, sondern auch sehen: Die Teilnehmenden bringen Reisebilder mit

← Alexander Königsmann ist dein Guide des Abends – er moderiert den Travelslam

15 Travelslam • im Globetrotter, Richmodstr. 10, 50667 Köln • travelslam.de

Ho, Ho, Ho
Weihnachtsmarkt mal anders

→ **Na dann, Prost! Heißer Glühwein gehört zum Weihnachtsmarktfeeling mit dazu**

Was will man wirklich von einem Weihnachtsmarkt, wenn man mal ganz tief in sich reinhorcht? Erstens: Glühwein, der nicht nach Plörre schmeckt. Und zweitens: Nette Leute treffen. Beides bietet der mit Abstand hipste Weihnachtsmarkt der Stadt, natürlich in Ehrenfeld. Mitten im umfunktionierten Biergarten des Bumann und Sohn thront die stets umkämpfte Glühweinbar, wo im Akkord an gleich zwei Seiten ausgeschenkt wird. An den Ständen ringsherum gibt's Design made in Ehrenfeld. Filz ist tabu, Ehrenwort. Sehr gut schneidet der *Ehrenfelder Weihnachtsmarkt* auch im Praxistest ab: Hier muss niemand auf ein Dixie-Klo, die Toiletten sind – fast immer – top in Schuss. Und wem dann trotz zehn Glühwein kalt wird, zieht rein an die Bumann-Bar.

INSIDER-TIPP
Aftermarket-party

Apropos Toiletten: Auf dem *Heavenue-Weihnachtsmarkt* zahlen Männer gestaffelt nach Größe ihres besten Stücks. Keine Sorge, so nur die scherzhafte Anweisung. Durchaus nicht immer jugendfrei ist auch der Christbaumschmuck, den es hier zu kaufen gibt. Der Weihnachtsmarkt neben dem Rudolfplatz punktet mit spektakulären Glühcocktails an der Glitzerbar und einem ambitionierten Bühnenprogramm mit queeren Künstlern. Ein kleiner, aber dafür sehr glitzernder Fisch im Meer der Kölner Weihnachtsmärkte.

Soll's was für die ganze Familie sein, empfiehlt sich der Nippeser *Budenzauber*, organisiert vom Verein »Für Nippes«: Es gibt Leckeres aus der Region und Kreatives von lokalen Anbietern.

16 **Ehrenfelder Weihnachtsmarkt • Bartholomäus-Schink-Str. 2, 50825 Köln**

17 **Heavenue • Mauritiuswall, Ecke Schaafenstr., 50676 Köln • heavenue.de**

18 **Budenzauber Nippes • Schillplatz • 50733 Köln**

Das war ein bisschen viel an Info? Du weißt nicht, wo du anfangen sollst? Na dann, hier kommen ein paar Vorschläge: die Tipps aus diesem Buch, neu gedacht, neu sortiert. Teste dies, probiere das und würfel alles wieder neu zusammen!

Mix & Match

Mach dein eigenes Ding

Kurzurlaub
In zwei Tagen besonders viel erleben

Tag 1

Du brauchst Eier!
Dieses Brauhaus kann auch Frühstück: Im *Johann Schäfer* in der Südstadt bekommst du von 10 bis 14 Uhr die richtige Grundlage für den Tag – vom Metthappen über Shakshuka und Pancakes bis zum klassischen Rührei. Sollte dir nach Frühschoppen sein, im Brauhaus bist du goldrichtig. → **S. 21**

Den Heinzeln auf der Spur
Nach dem üppigen Start in den Tag ist Beinevertreten genau richtig. In der Innenstadt heißt es Augen auf, denn: Die Heinze sind wieder da! Die modernen Nachfahren der Heinzelmännchen entdeckst du auf dem *Heinz-Weg* an diversen Stationen wie dem 4711-Dufthaus oder dem Gürzenich. → **S. 12**

Anschnallen zur Zeitreise
The Roaring Twenties are calling! Am Alter Markt entführt dich *TimeRide* ins Köln des Jahres 1926: Du tauchst in der Kulisse eines Hutmacherladens in die Welt der damaligen Mode und Kultur ein, ehe du die historische Tram besteigst und per VR-Brille quer durchs Köln vor 100 Jahren ratterst. → **S. 22**

Himmelsstürmer
Du willst den *Dom* mal anders sehen? Dann steig ihm doch einfach aufs Dach. Du entdeckst die geheime Welt im eisernen Dachstuhl, wandelst in engen Gängen an Wasserspeiern und dem Richter-Fenster im Inneren des Kirchenschiffs vorbei, ehe du das Köln-Panorama vom Vierungsturm aus in den Blick nimmst. → **S. 8**

Gute Aussichten
Auf der Terrasse des Restaurants *Mai-Beck* wirst du nicht nur gesehen, sondern siehst auch selbst vortrefflich: nämlich das Treiben an der Promenade und vor dir auf dem Teller lokale und innovative Sterneküche. → **S. 39**

Tag 2

Bunt und edgy
Seit knapp zehn Jahren macht das internationale Cityleaks Urban Art Festival Köln um großformatige *Street-Art-Murals* reicher. Du startest im Belgischen Viertel und arbeitest dich nach Ehrenfeld vor – dem Street-Art-Epizentrum der Stadt. → **S. 86**

Klappe, und Action!
In Ehrenfeld hüpfst du in die Straßenbahn der Linie 5 und fährst nach Ossendorf zu den *MMC-Studios*. Auf dem 157 000 m^2 großen Gelände mit seinen mehr als 20 Film- und Fernsehstudios wird dir klar, warum Köln zu den führenden Medienstädten Europas gehört. → **S. 77**

Shopping? Fair enough!
Zurück in Ehrenfeld wird es Zeit für eine Stärkung: Nach einem Vöner von *Bärenstark* → **S. 36** geht's zum Shoppen. Secondhand-Mode und Stücke von fair produzierenden Kölner Labels können in der *Kleiderei* → **S. 74** ausgeliehen und gekauft werden. Ökofaire Kollektionen aus Vorsaisons und Upcycling-Unikate locken ins *IGLU* → **S. 74**

Köllefornia am Rhein
Das hat Köln gerade noch gefehlt: In der Tat, denn dank dreier surfverrückter Freunde kannst du auf dem Rhein nun sogar aufs Surfbrett steigen. *Surft.Kologne* sorgt mit einem Spezialmotorboot für die konstante Welle vor der Rodenkirchener Brücke, auf der vom Anfänger bis zum Profi alle ihren Spaß haben.
→ **S. 104**

Schön versacken
Nach so viel Adrenalin darf's ein Gläschen sein? Im passend benannten *Durst* im Agnesviertel läutest du entspannt beim Guinness vom Fass den Abend ein. Sollte dir der Sinn nach Livemusik und Tanzen stehen, check das *Gebäude 9* in Mülheim, den *Sonic Ballroom* in Ehrenfeld oder das *Odonien* in Neu-Ehrenfeld aus.
→ **S. 162, 164**

Auszeit
Ein herrlich entspannter Tag

Greif nach den Sternen
Könnte ein Tag besser anfangen als mit einem üppigen Frühstück? Ja, schon: mit einem üppigen Drei-Gänge-Frühstück im Sternerestaurant *NeoBiota* in der Innenstadt! Pochierte Eier, Pancakes und Himmel & Äd kommen in neuen Geschmackskombis – und ganz ohne Gehabe – daher. → **S. 39**

Denk mal drüber nach!
Nun möchte auch der Geist gefüttert werden. Das Auge sieht sich im *Kolumba* → **S. 125** an der spektakulären Zumthor-Architektur satt, der geschichtsträchtige Ort und die ausgestellte moderne Kunst sorgen für Denkanstöße. Das »Museum der Nachdenklichkeit« bietet mit dem Lesezimmer Raum, all das sacken zu lassen und im Innenstadttrubel mal Ruhe zu tanken.

Pfaue, die im Grünen schreien
Auszeit ohne Spaziergang ist keine Auszeit. Also los nach Rodenkirchen zum Frischluftschnappen und Flanieren im *Forstbotanischen Garten*. Du hörst Pfaue rufen, genießt Blütenpracht und wanderst durch den Wald aus nordamerikanischen Bäumen sowie durch die bunt blühende Rhododendronschlucht. → **S. 130**

Torte? Torte!
Wo könnte man besser die Zeit vergessen als in zwei der ältesten Cafés Kölns? Ein wenig Fifties-Charme atmet die Atmosphäre sowohl im *Café Wahlen* als auch im *Café Jansen by Fassbender* in der Innenstadt. Torten und Kuchen sind ganz die feine alte Schule – und wahnsinnig lecker. → **S. 46**

Einfach mal liegen bleiben
Die Kalorien wieder rausschwitzen kannst du in den Saunen des *Agrippabads*. Hast du genug vor dich hingedampft, geht's auf die Dachterrasse, wo du es dir auf einer Liege mit Domblick gemütlich machst. → **S. 122**

Weltreise
Exotische Orte ganz nah

Fernweh garantiert
Nach dem Besuch des *Travelslams* kann es vorkommen, dass man sofort die nächste Reise bucht. In drei Vorträgen entführen Globetrotter in Wort und Bild das Publikum an spannende Orte rund um den Erdball. Am Ende stimmen die Zuschauer ab, welcher Beitrag der beste war und bekommen eine Zugabe. → **S. 171**

Auf die Insel!
Beim *British Flair Festival* wird's skurril: Bei Dudelsackmusik machst du Gummistiefel-Weitwurf, knabberst Fish'n'Chips, während bei der Falknershow Greifvögel über dir kreisen, und dann genehmigst du dir ein Ale und siehst Männern in Kilts beim Baumstammwerfen zu. → **S. 168**

Konnichiwa!
Dem Land der aufgehenden Sonne kommst du ganz nah im *Japanischen Garten* auf der Stadtgrenze von Köln und Leverkusen. Der ehemalige Bayer-Generaldirektor Carl Duisberg schuf dieses bunte Reich. Danach locken Sushi vom japanischen Meisterkoch im Belgischen Viertel nach Köln. → **S. 129**

Mit *Kulturklüngel* auf Tour
Mit dem »Fremdenverkehrsamt der Kulturen« geht es zu Fuß oder per Rad auf Kulturwanderung und kulinarische Weltreise quer durch Köln – egal, ob türkisch, indisch, persisch, japanisch oder orientalisch: Hier zeigt die Stadt ihre internationalen Seiten. → **S. 78**

Eat around the world
Jeden Donnerstag kannst du dich auf dem Feierabendmarkt *»Meet & Eat«* einmal quer durch jede Menge Landesküchen futtern. Die Anbieter kommen aus der Region, die angebotenen Speisen aus aller Welt. → **S. 50**

Kinderkram
So werden die Kleinen glücklich

Minis für die Minis
So knusprig wie *Reibekuchen-Heinz* kriegt sie keiner hin: Fast jeden Tag steht der rot-weiße Wagen auf einem anderen Wochenmarkt und bringt seine Rievkooche als »Minis« unters hungrige Volk. Mit Apfelkompott oder Rübenkraut sind sie der Hit – auch bei den Kids. → **S. 31**

Im Power-Modus
Manchmal muss man die Energie einfach raustoben. Das geht im *Lentpark* das ganze Jahr über hervorragend: Im Sommer lockt der Naturbadeteich im Außenbereich mit der besonders breiten Rutsche, im Winter saust man über die Eis-Hochbahn, die über 260 m als Rundkurs in 4,50 m Höhe einmal rund um und durchs Bad verläuft. → **S. 94**

Wie süß!
Rollen, Hacken und Formen ist beim Bonbonmacherkurs im *Kamellebüdchen* → **S. 11** angesagt. Die Süßigkeiten gibt's hier nicht nur zu kaufen, sondern Kids dürfen sie sogar selbst herstellen.

Auf Safari in der Großstadt
Abends geht's im *Kölner Zoo* in kleinen Gruppen zu den Tieren, die den Tag lieber verschnarchen. Muntere Eulen, hellwache Löwen und mehr gibt es für kleine Abenteurer zu entdecken. Im Winter lädt das Aquarium ein, wo u. a. die Frage geklärt wird: Schlafen Fische nachts? → **S. 19**

Große Oper für kleine Leute
Bunte Kostüme, fantasievolle Bühnenbilder und mit viel Spannung erzählte, pardon, gesungene Geschichten fesseln in der ältesten *Kinderoper* Europas das junge Publikum. Auf die Bühne kommen speziell für Kinder geschriebene Stücke, gekürzte Opern und vertonte Märchen. → **S. 62**

Sauwetter
Wo es bei Regen besonders schön ist

Alternatives Fitnessstudio
Endlich schlechtes Wetter! Freust du dich angesichts des breiten Angebots im *Stuntwerk*, wo man sich hervorragend den ganzen Tag mit Bouldern, Parcours und Ninja Warrior austoben kann. Gestärkt mit Kölner Heilandt-Kaffee und Bananenbrot ist noch eine Runde Yoga drin. → **S. 108**

Fußball mal anders
Fans des runden Leders brauchen in Nippes kein gutes Wetter, um auf ihre Kosten zu kommen. Fußball und Billard werden beim *Poolball* kombiniert, doch damit nicht genug: Du kannst hier auch Fußball-Kegeln und sogar Fußball-Dart spielen! → **S. 111**

Daheim ist's am schönsten
Bei fiesem Wetter macht man es sich zu Hause gerne gemütlich – muss ja nicht unbedingt das eigene Heim sein. In der Kölner Germania-Siedlung kannst du in der *GAG-Museumswohnung* und in Leverkusen im *Koloniemuseum* erleben, wie man es sich früher muckelig machte. → **S. 82**

Bei Waffelduft den Regen dröppeln lassen
Du wolltest eigentlich zum Wandern ins Bergische Land und jetzt schüttet es wie aus Kübeln? Ach egal! Mach es dir einfach in einem der urigen Gasthäuser gemütlich und lass dir eine *Bergische Kaffeetafel* servieren. Dabei wird nämlich so üppig aufgefahren, dass du garantiert einige Regenschauer lang mit Genießen beschäftigt bist. → **S. 40**

Blick in die Sterne
Wenn auf der Erde schlechtes Wetter ist, schau doch einfach mal auf ein paar anderen Planeten nach, wie es dort gerade aussieht. Im *Planetarium* → **S. 148** in Nippes tauchst du in die Welt der Sterne ein und ruckzuck sind dir die Regentropfen draußen schnurzegal.

Wo find ich das? Wo will ich hin? Was ist sonst noch in der Nähe? Wer hat sich das alles ausgedacht? Und wohin schicke ich meine Fanpost, mein Feedback? Ganz schön viele Fragen. Die folgenden Seiten helfen dir weiter.

Dies & Das

Karten, Register und mehr

Venlo
Maasbree
Baarlo
Belfeld
A67
A73
St. Hubert
Kempen
Grefrath
Nette
Tönisvorst
Krefeld
Uerdingen
L 473
B 288
A 524
Lintorf
A 52
B 8
Bracht
Niers
Viersen
Dülken
Brüggen
Maas
Osterath
Flughafen Düsseldorf/ Mönchengladbach
Düsseldorf
B 7
Kaarst
Waldniel
Roermond
Mönchengladbach
Neuss
B 1
A 57
L 293
Nieder-lande
Rheydt
Glehn
Rheindahlen
Posterholt
Nievenheim
17
Wassenberg
Gerderath
Jüchen
Grevenbroich
Erkelenz
Garzweiler
B 59
Gustorf
A 44
Heinsberg
Hückelhoven
12
Rommerskirchen
Wurm
Erft
Bedburg
Pulheim
B 56
Geilenkirchen
Linnich
A 61
Bergheim
10
Elsdorf
16
12
Sindorf
7
Landgraaf
Jülich
13
Frechen
Hambach
Aldenhoven
Alsdorf
Inde
Rur
Kerpen
16
14
Merzenich
A 4
Birkesdorf
Würselen
Liblar
Eschweiler
Nörvenich
14
Lechenich
L 260
A 544
Gürzenich
Düren
Aachen
Stolberg
Vaals
Deutschland
Kelmis
A 1
E40
Hürtgenwald
Zülpich
Belgien
Roetgen
Euskirchen
8 km

Klassiker reloaded
Leckerbissen
Kreative Orte
Wilde Seite
Ruhige Ecken
Pralles Leben
Werden
Kettwig
Wetter (Ruhr)
Sprockhövel
Velbert
Heiligenhaus
Neviges
Schwelm
Mettmann
Wuppertal
Erkrath
Haan
Radevormwald
Lüdenscheid
Remscheid
Lennep
Halver
Hilden
Benrath
Solingen
Hückeswagen
Kierspe
Wermelskirchen
Dormagen
Wipperfürth
Meinerzhagen
Burscheid
Marienheide
Rhein
Kürten
Leverkusen
Gummersbach
Lindlar
Bergneustadt
Bergisch Gladbach
Engelskirchen
Siehe Detailkarte
Köln
Refrath
Overath
Wiehl
Rösrath
Much
Naafbachtal
Waldbröl
Hürth
Flughafen Köln/ Bonn
Sülz
Ruppichteroth
Lohmar
Wesseling
Troisdorf
Brühl
Windeck (Sieg)
Siegburg
Naturpark Rheinland
Sankt Augustin
Sieg
Hennef (Sieg)
Hamm (Sieg)
Bornheim
Bonn
Heimerzheim
Altenkirchen
Röttgen
Swist
Königswinter
Windhagen
Bad Honnef
Rheinbach
Meckenheim
A 43
A 535
L 418
A 46
A 45
A 542
A 59
A 553
A 555
A 560
A 3
B 42
A 565
B 256
B 55a

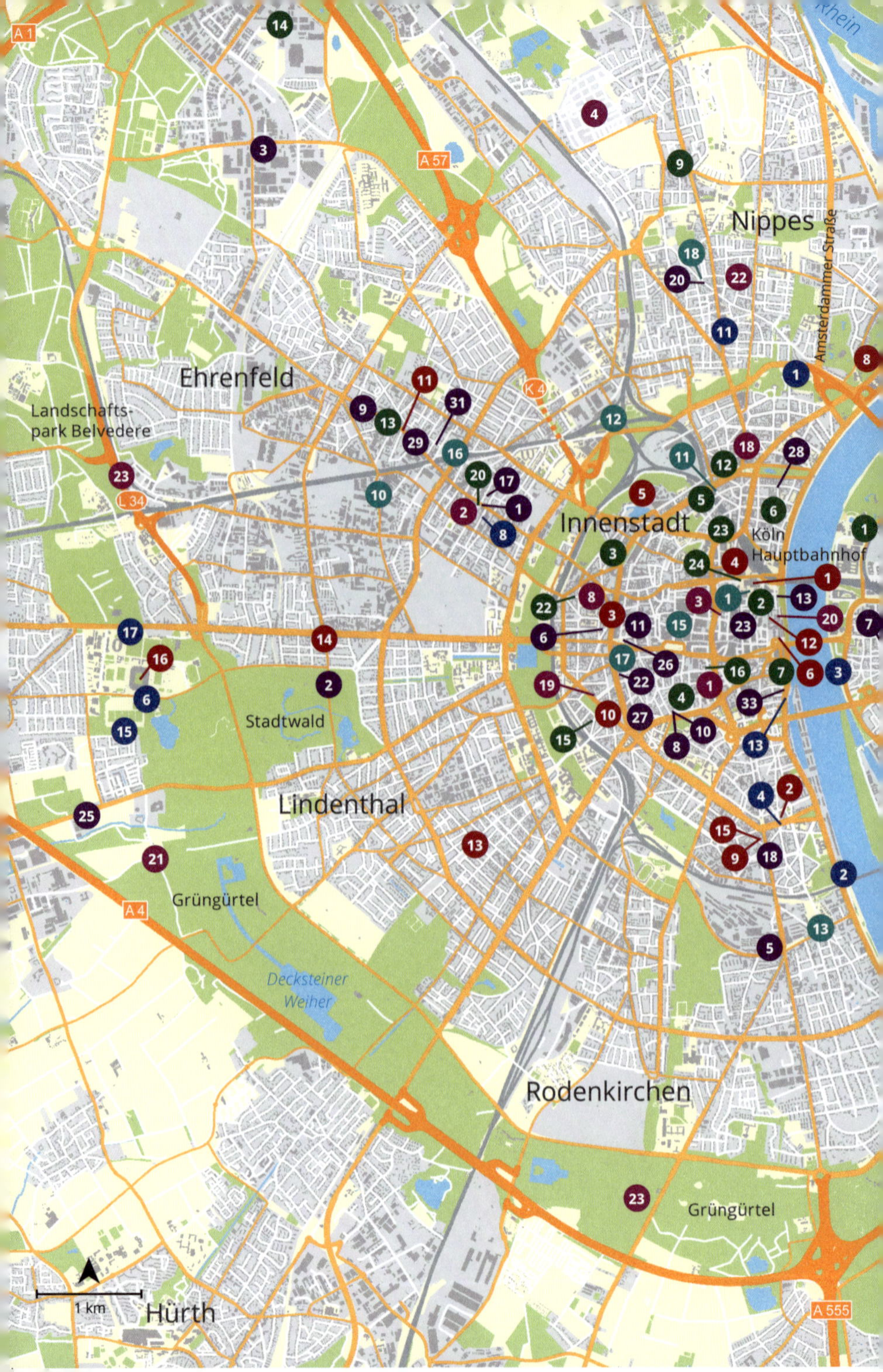

Rhein
A 1
A 57
Nippes
Amsterdammer Straße
Ehrenfeld
Landschafts-
park Belvedere
K 4
L 34
Innenstadt
Köln
Hauptbahnhof
Stadtwald
Lindenthal
Grüngürtel
A 4
Decksteiner
Weiher
Rodenkirchen
Grüngürtel
1 km
Hürth
A 555

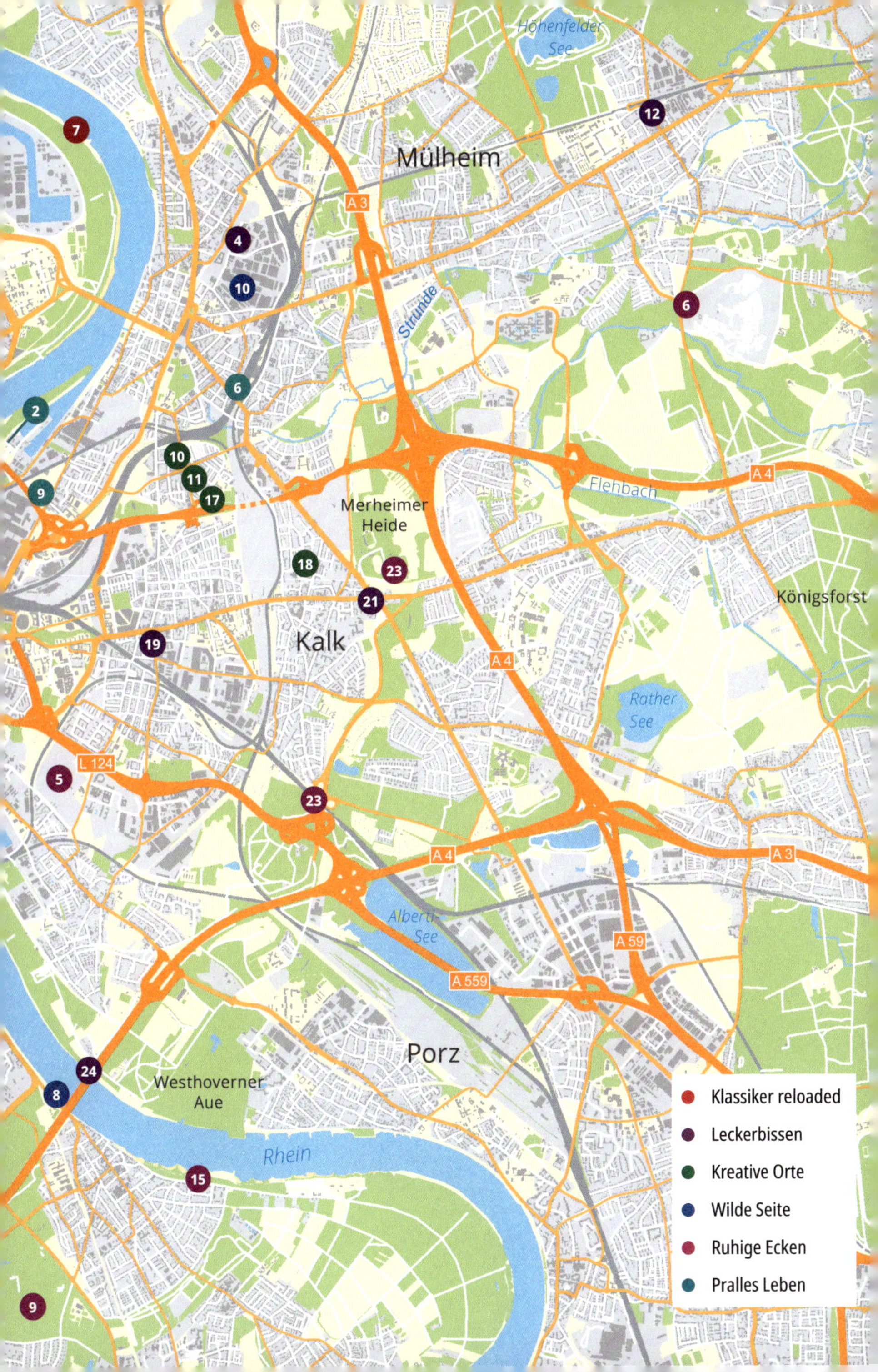
Höhenfelder See
Mülheim
Strunde
Flehbach
Merheimer Heide
Königsforst
Kalk
Rather See
Alberti-See
Porz
Westhoverner Aue
Rhein
A 3
A 4
A 59
A 559
L 124
Klassiker reloaded
Leckerbissen
Kreative Orte
Wilde Seite
Ruhige Ecken
Pralles Leben

Register

Impressum

1. Auflage 2022

Printed in Italy

MIX
Papier aus verantwortungsvollen Quellen
FSC® C015829
FSC www.fsc.org

Text: Doreen Reeck
Gestaltung Titel, U2 + U4:
Eggers + Diaper, Potsdam
Gestaltung Innenteil + U3:
Sofarobotnik – Büro für Gestaltung, Augsburg & München
Lektorat
Guido Huß, Stephanie Ziegler
Bildredaktion
Anja Schlatterer
Produktion
red.sign GbR, Stuttgart
Kartografie
© MAIRDUMONT, Ostfildern, unter Verwendung von Kartendaten von OpenStreetMap, Lizenz CC-BY-SA 2.0

Bildnachweise

Titelbild: laif/Thomas Rabsch

Fotos: Agora Köln e.V.: Jan Odenthal (158 u.); Alternative Cologne Tours: Nina Reisdorf (91); Archiv Klais: Andi Schmid, München (71); Bergischer Abfallwirtschaftsverband/:metabolon (118); Das AgenturHaus GmbH (169 o.); Dreigang: Sebastian Deimann (56 u.); Förderverein Bonn: Thilo Beu, Bonn (158 o.); GAG Immobilien AG: Costa Belibasakis (83); Gebäude 9: Pablo Geller (163 o.); Sabine Große-Wortmann, Köln (143); Hänneschen-Theater (14); Helikon-Events (76 o.); Paul Hense (166); Historische Senfmühle Köln (59 o.); Hochschule für Musik und Tanz Köln: Christian Nielinger (69 o.); huber-images: Frank Lukasseck (9), Schulte-Kellinghaus (88); Kamellebüdchen: Simon Fricke (10); Max Köcher, Köln (142); KölnBäder GmbH (95 o., 123 o.); Kölner Zoo (18 u., 180); Kompakt Recordstore: Veronika Unland 2021 (67); Kulturklüngel: Thomas Bönig (79, 179); laif: Manfred Linke (53 u.), Heiko Specht (69 u.); Le Pop Lingerie: Mona Schulzek (84); Lesezimmer in Kolumba, Architektur: Peter Zumthor © Kolumba, Köln: Foto: Veith Landwehr (124); Loss mer singe e.V.: Kay-Uwe Fischer (157 u.); mauritius images: Walter G. Allgöwer (97 o.), foodcollection (47 u.); mauritius images/Alamy: Hackenberg-Photo-Cologne (41, 95 u.); mauritius images/Westend61 (53 o.); MMC Studios: Rico Hartig (177), Guido Ohlenbostel (76 u.); NeoBiota: Jennifer Braun (38, 178); Neptunbad: Jan Fassbender (123 u.); Jörn Neumann (191); Odonien: Laurence Voumard (165); Oper Köln: Paul Leclaire (63); picture-alliance: Rainer Hackenberg (59 u., 82); picture-alliance/blickwinkel: S. Ziese (102); picture-alliance/chromorange: Allgöwer (97 u.); picture-alliance/dpa: Horst Galuschka (160 o.); picture-alliance/Eibner-Pressefoto (110 u.); picture-alliance/Geisler-Fotopress: Christoph Hardt (160 u.); picture-alliance/prisma: Leo Himsl (101); Lukas Piel (154 u.); prôt von Alex GmbH (34); Doreen Reeck (Klappe innen o., 13, 17, 20, 24, 25, 27, 30, 33, 37, 42, 44 o., 47 o., 48, 51, 55, 64, 72, 75, 80, 87, 99, 106, 113 o., 115, 116, 127, 128, 131, 133, 134, 137, 138, 141, 145, 146, 150, 163 u.); Erik Sattel (157 o.); Shutterstock: ByeByeSSTK & Birgit Eggers (192), Ksusha Dusmikeeva (2), Lifeshots Photography (173 o.), Dmitry Naumov (169 u.), Sebastian Siebert (173 u.), S. Sirichai (18 o.), Pavel Tops (113 u.), Oleg Vinnichenko (110 o.); Sternwarte und Planetarium Köln (149); Stephan Strache (154 o.); Stuntwerk Köln (109, 181); Sunday Supper: Jennifer Braun (56 o.); surft.kologne, Köln (Klappe innen u., 105); Tasty Pasty Co. 2021 (44 u.); TimeRide (23, 176); Travel Slam/XEO GmbH: Barbara Sopart (170)

Die Autorin

Doreen Reeck

Osten, Süden, Westen, Norden – und zurück in den Westen: Am Rhein in Köln ist Doreen Reeck schließlich vor gut 20 Jahren hängen geblieben. Wohl kaum eine Millionenstadt gibt sich dermaßen nahbar, lässt sich auf kurzen Wegen so gut entdecken und ist dabei derart vielseitig und lebensfroh. Das schönste Sommergefühl: mit eben noch Fremden beim Kölsch am Büdchen ins Erzählen kommen.

Lob oder Kritik? Wir freuen uns auf deine Nachricht!

Trotz gründlicher Recherche schleichen sich manchmal Fehler ein. Wir hoffen, du hast Verständnis, dass der Verlag dafür keine Haftung übernehmen kann. Wir freuen uns aber, wenn du uns schreibst:

MARCO POLO Redaktion
MAIRDUMONT
Postfach 31 51
73751 Ostfildern
info@marcopolo.de

Bloß nicht!

Fettnäpfchen und Reinfälle vermeiden

Helau rufen

… und das für den Witz des Jahrhunderts halten. Einfach nein. Daraus ergibt sich nämlich exakt eines der beiden folgenden Szenarien: Du riskierst ne dicke Lippe und kannst direkt nach Hause fahren. Oder: Du erntest ein müdes Lächeln und stehst in der vollen Kneipe trotzdem alleine im Eck.

Karneval unterschätzen

Du willst über Karneval nach Köln, findest aber Verkleiden eher doof und Schunkeln in vollen Kneipen anstrengend? Think again. Denn zwischen Weiberfastnacht und Aschermittwoch verfällt die Stadt mehr oder weniger kollektiv in den Fastelovend-Rausch. Vor allem am Rosenmontag wird's mit einem Alternativprogramm eng und sogar im TV auf dem Hotelzimmer läuft: der Rosenmontagszug aus Köln.

Das Rad nicht anschließen

Es sei denn, du willst das Teil schnell loswerden. Ein nicht angeschlossenes Rad ist, auch wenn du nur kurz was im Kiosk kaufst, mit hoher Wahrscheinlichkeit: weg. Es soll Einheimische geben, die seit Jahren mit dem letzten Schrottkübel rumkurven, damit die Versuchung für Langfinger gering ist.

Im Rhein baden

Auch bei 40 Grad im Schatten solltest du nie der Verlockung erliegen, im Rhein eine Runde schwimmen zu gehen. Gegen die Strömung und Verwirbelungen im Fluss haben selbst gute Schwimmer keine Chance.

Kölsch nachmachen

Es ist verlockend, die Zunge ersten Versuchen im rheinisch-kölschen Singsang anheimfallen zu lassen. Aber eher nicht an der Supermarktkasse oder bei der Domführung – das könnte für Belustigung sorgen. Wie es richtig geht, lernst du beim Kurs »E Häppche Kölsch«.